Alexander von Sternberg

Die Ritter von Marienburg

Erster Teil

Alexander von Sternberg

Die Ritter von Marienburg

Erster Teil

ISBN/EAN: 9783956972706

Auflage: 1

Erscheinungsjahr: 2014

Erscheinungsort: Treuchtlingen, Deutschland

© Literaricon Verlag Inhaber Roswitha Werdin. www.literaricon.de. Alle Rechte beim Verlag und bei den jeweiligen Lizenzgebern.

Die
Ritter von Marienburg.

Von

A. von Sternberg.

Erster Theil.

Leipzig:
F. A. Brockhaus.
1853.

Inhalt des ersten Theils.

Erstes Capitel.
Ankunft auf dem Ordensschlosse .... Seite 1

Zweites Capitel.
Der alte Schließer 18

Drittes Capitel.
Der Held der Geschichte lernt seine Umgebung etwas näher kennen............................... 46

Viertes Capitel.
Die feierliche Aufnahme in den Orden 80

Fünftes Capitel.
Das Narrencapitel 102

Sechstes Capitel.
Die Ritter erzählen sich unter einander Geschichten. 119

Siebentes Capitel.

Der St. Elisabethentag 162

Achtes Capitel.

Was ferner sich im Gemach des Ordensmeisters begab 180

Neuntes Capitel.

Das Gespräch im Mondschein 224

Die
Ritter von Marienburg.

Von
A. von Sternberg.

Erster Theil.

Leipzig:
F. A. Brockhaus.
1853.

Inhalt des ersten Theils.

Erstes Capitel.
Ankunft auf dem Ordensschlosse .... Seite 1

Zweites Capitel.
Der alte Schließer 18

Drittes Capitel.
Der Held der Geschichte lernt seine Umgebung etwas näher kennen 46

Viertes Capitel.
Die feierliche Aufnahme in den Orden 80

Fünftes Capitel.
Das Narrencapitel 102

Sechstes Capitel.
Die Ritter erzählen sich unter einander Geschichten. 119

Siebentes Capitel.

Der St. Elisabethentag 162

Achtes Capitel.

Was ferner sich im Gemach des Ordensmeisters begab 180

Neuntes Capitel.

Das Gespräch im Mondschein 224

Erstes Capitel.

Ankunft auf dem Ordensschlosse.

Wir haben die weite unabsehbare Niederung vor uns, die sich zwischen den Flüssen Weichsel, Nogat und dem frischen Haff ausdehnt, ein öder Landstrich, den später die Kultur urbar gemacht, der damals jedoch, zu der Zeit, wo unsere Geschichte spielt, eine fast unbewohnte Einöde war, zusammengesetzt aus Strecken Morastgrundes, aus Steppen mit Haidekraut bewachsen oder aus dürftigen Anfängen von kleinen Kieferwaldungen, die dem Auge ihre verkrüppelten Stämmchen und ihr fahles, stumpfes Grün darboten. Die Stürme wehten über diese Fläche unausgesetzt dahin; es war nirgends ein Hinderniß, das sie in ihrer Bahn aufhielt, und sie trieben ungestüm die Wellen des frischen Haffs und machten, daß diese zu Zeiten auschwollen und die kunstlosen Dämme durchbrachen, die die Landbewohner zum Schutze ihrer Hütten aus dem gerade ihnen zur Hand liegenden Material, Sand und Weidengeflecht, aufgeführt hatten. Als Unterbrechung der einförmigen Linien der Haide diente nur hier und da ein Dorf oder ein Vorwerk, das zu den Ordensgebäuden gehörte. Das Dorf war aber meistentheils seiner Bewohner beraubt, und die einsam stehenden Gebäude des Vorwerks hatten zu ihrer nothdürftigen Bewachung nur einen Vogt und eine kleine Anzahl Mannschaft, die bestimmt waren, die Pflichten der Hospitalität gegen die auf der Reise begriffenen Pilger auszuüben, öfters jedoch von diesen Pilgern, die verkappte Räuber waren, überfallen und ihrer geringen Habe beraubt wurden. Es waren darum die letzten Befehle des Ordensgebietigers, der diese kleinen improvisirten Burgen unter sich hatte, dahin ergangen, daß die Mannschaft verstärkt wurde und daß die Thore dieser Asyle nur solchen Gästen geöffnet wurden, die einzeln kamen und die augenscheinlich vom Bedürfniß getrieben wurden.

Es war am frühen Morgen eines Octobertages, als zwei einsame Reiter auf einem der Pfade dieser unabsehbaren Fläche sich zeigten. Es war der Weg, der von dem letzten Vorwerke in gerader Linie nach Marienburg selbst führte. Da es in der letzten Hälfte des Monats war, so hatten sich die heftigen Winterstürme bereits eingestellt, und da der wilde Hauch geradewegs vom Meere kam, so führte er eine eisige Schärfe mit sich, ein Beweis, daß bereits die Ufer des frischen Haffs sich mit einer Eisdecke zu belegen angefangen hatten. Der Winter hatte diesmal besonders früh seinen Einzug gehalten, willkommen für den Landmann, der damit das Ende der kleinen Zänkereien und Streitigkeiten sah, die fortgesetzt bis jetzt zwischen dem Orden und seinen heidnischen Nachbarn geherrscht hatten. Die Kälte mäßigte in etwas die Glut dieser Unruhigen und hielt sie auseinander, ein Erfolg, der der Klugheit und der Mäßigung der Oberen nicht gelingen wollte. Zugleich hatte aber dieser frühe

Winter die Niederung ganz besonders einsam gemacht. Die Einwohnerschaft der Dörfer, die selbst in guter Jahreszeit nie sehr zahlreich war, aus denselben Gründen, die auch die kleinen Verschanzungen und Niederlassungen verödete, hatte sich in Masse fortgemacht und die Städte aufgesucht, in deren Schutz sie sich gegen die Unbill der Menschen wie des Elements gleich sicher fühlte. Sie wurde von den Städtern, die ungern ihre Zahl so anwachsen sahen, zu harten Frohnarbeiten gezwungen, allein sie unternahm diese willig in der Aussicht auf die eben bezeichneten Vortheile. Der Reisende, der gerade jetzt gezwungen war, den Weg über die Haideflächen zu nehmen, fand, wenn er nach anhaltendem Kampf mit Dunkelheit, gefährlichen Wegen und eisigen Stürmen glücklich ein in den Nebeln des nahen Morastes halb verstecktes Dorf aufgefunden, die Häuser leer, die Hausthüren offen, die Fenster ausgehoben, und zwischen den leeren Wänden die Nacht und die Kälte fest eingebürgert, deren Bekanntschaft er schon draußen zur Genüge gemacht. Er konnte von Glück sagen, wenn er ein einsames Licht entdeckte, das auf irgend einem verlassenen Herde brannte, der provisorisch von einer wandernden Gauklerbande eingenommen war, oder von den Treibern einer Heerde Zugvieh, oder von herumziehenden Händlern, die unter militärischer Eskorte die Straße nach einem Meßorte zogen. Es gehörte zu den höchst seltenen Fällen, und nur die Aussicht auf reichlichen Gewinn trieb dazu, daß eine Schenke oder Herberge, wie sie in guten Zeiten im Dorfe bestand, sich auch auf die Ueberwinterung einließ; es geschah dies immer auf die Gefahr hin, daß das Haus an einem schönen Morgen bis unter das Dach hinauf ausgeplündert, die Bewohner gemißhandelt und nackt auf das Feld getrieben wurden. Freilich waren diese Bewohner selbst oft geübte Gauner, die das Plündern eben so gut verstanden als die Räuberhorden, die ihnen das Garaus machten. Der Seckel der reichen Krämer oder die Armenbüchse des Pilgers konnten hiervon erzählen. Ehe der Reisende also sich entschloß, eine verdächtige Herberge zu beziehen, nahm er doch noch lieber seine Zuflucht zu dem roh zusammen gewürfelten Hau=

sen, der sich in einem verlassenen Hause zusammengefunden hatte, unter dem Versprechen gegenseitigen Schutzes.

Die beiden Reiter, von denen wir gesprochen, hatten die Mühseligkeiten eines solchen Nachtquartiers zu überstehen nicht nöthig gehabt, sie hatten im Ordenshause genächtigt, doch scheints, daß ihre Verpflegung nicht viel besser ausgefallen war, nach dem Verdruß zu schließen, den die Mienen beider aussprachen, und nach der Unordnung, in welcher sich ihr Anzug befand. Der Erste dieser Reiter war ein junger Mann von kaum siebzehn Jahren. Seine Körperbildung war seinen Jahren vorausgeeilt; sein Wuchs war schlank und groß und zeigte den eben gereisten Jüngling. Die Schultern waren in einem schönen Verhältnisse zu Kopf, Nacken und Brust, und diese wölbte sich unter dem stolzen und siegreichen Gefühl der Jugend und der Kraft. Ehe der junge Mann sein Pferd bestieg und seine Gestalt, so weit es nur irgend möglich war, in einen mit Pelz verbrämten Mantel hüllte, konnten wir sehen wie edel seine Formen waren, wie

biegsam der Bau der Hüften und wie rasch und
sicher die Bewegungen aller Glieder. Man sah
es ihm wahrlich nicht an, daß er ein Sohn
jener nordischen Marken war, die wol kraftvolle
und nervige Gestalten in Menge erzeugten, selten
jedoch die feinern Gebilde, die die Kraft zugleich
mit Anmuth paarten, ins Leben riefen. Sein
Begleiter war eine von den hergebrachten Körper=
bildungen; er war kurz, stämmig, blond von
Haaren und mit einer starken wettergebräunten
Röthe im Gesicht. Er mochte nahe den Funf=
zigen sein, hatte aber dabei noch ein sehr jugend=
liches Ansehen.

Wenn der scharfe Wind, der über die Haide
blies und der unsere Reiter besonders heftig an=
fiel, indem sie die letzte schützende Mauer des
kleinen Kastells verließen, es irgend erlaubte, so
warfen sich Herr und Diener einzelne kurze Be=
merkungen zu über die eben verlassene Herberge.
Die Auslassungen des Dieners beschränkten sich
einfach auf Flüche, die des Herrn enthielten
verwunderte Ausrufe über getäuschte Erwar=
tungen.

Junker, rief der Erstere, indem er seinen kleinen langhaarigen und struppigen Gaul dicht an das Roß des Herrn trieb, Junker, wenn es in der Residenz da drüben nicht besser hergeht, wie in diesen kleinen, verteufelt geschwärzten und stinkenden Höhlen, in denen die Weißmäntel uns bis jetzt bewirthet haben, so kehre ich heim und bitte unsern gestrengen Herrn Papa, daß er Sie lieber heute als morgen wieder zurückruft. Auf Burg Wedenburg wird ein schönes Wehklagen sein, wenn ich anhebe zu erzählen, wie wir auf der Reise aufgenommen worden und wie trefflich uns die Empfehlungsschreiben genützt haben, die wir mit uns führten.

Du mußt nur nehmen, Wolff, entgegnete der Junker, indem er seinen Mantel vor die eine Seite des Mundes hielt, damit der Wind nicht sogleich und für den Diener ungehört seine Worte verwehe, daß der Orden im Krieg liegt und daß wir allen diesen Herren ungelegen kommen.

Heiliges Kreuz! Kann ein Ritter von Wedenburg jemals irgend einer Kreatur ungelegen kommen! brummte der alte Page. Ich habe mir sagen lassen, daß die Thore des Himmels und der Hölle auffliegen, wenn wir erscheinen.

Die Windstöße verhinderten jetzt die Fortsetzung des Gesprächs. Beide vermummte Gestalten kämpften mit vorwärts gebeugten Leibern gegen den Sturm und den feinen Schneeregen, der über die Haide dahin zu fliegen begann und alle Körpertheile, die ihm unbeschützt dargeboten wurden, wie mit Geißeln aus kleinen Eisenstacheln bestehend, peitschte. Ein Nebel hatte sich über die weite Fläche gebreitet und man hörte mehr als daß man sie sah, die Wellen der Nogat, die sich an dem neuangelegten Damme brachen, der den Beginn eines künftigen Prachtbaues bildete, einer Brücke, die bereits von mehren Meistern angefangen worden, immer aber wieder durch die kriegerischen Zeiten verhindert, unvollendet liegen geblieben war. Jetzt, da der Orden seinen höchsten Glanz entfaltete und große Reichthümer in seinem Schatze angehäuft lagen, war es dem regierenden Meister doppelt Pflicht, den Bau endlich zu vollenden.

An dem Flusse angelangt, zeigten unsere Rei=

senden ihre Beglaubigungsscheine vor, und da unter einem derselben das Siegel des Ordensvogts sich befand, so eilte man, die Fähre schnell in den Stand zu setzen, um die Ueberfahrt zu beschleunigen. Bei diesem wilden und stürmischen Wetter war dies keine kleine Arbeit. Man gab es dem jungen Manne anheim, ob er statt der schwerfälligen Fähre nicht lieber eines Nachens sich bedienen wolle, aber die große Anzahl von Reisenden, die bereits die Nacht und den vorhergehenden Tag auf die Ueberfahrt gewartet hatten, und die ihn jetzt mit ihren Bitten bestürmten, unter seinem Geleit hinüber zu kommen, bewog ihn, die Ausrüstung der Fähre abzuwarten. Während der Anstalten traten er und sein Gefährte unter eine Art Schuppen, und hier fand sich Zeit, das Gespräch fortzusetzen, das der Sturm vorhin unterbrochen hatte.

Wolff trat vor seinen Herrn hin und sagte mit etwas gedämpfter Stimme, nachdem er sich vorher überzeugt, daß Niemand lausche: Junker, ich bitte nur um Eins; laßt drinnen in der Residenz nichts davon merken, daß auf Schloß We=

denburg nicht alles so ist, wie es sein sollte. Ihr versteht mich. Wir waren früher reich, wir sind es jetzt nicht mehr. Dank sei es den Diensten, die wir dem Orden geleistet, haben wir fast das letzte Hemd auf dem Leibe verloren. Aber davon müssen diese Weißmäntel nichts erfahren. Junker, ich bitt' Euch, kein Wort von unserm heruntergekommenen Haushalt. Der ausdrückliche Befehl Eures Vaters lautet, daß Ihr thun sollt, als seid Ihr nach wie vor der reiche Ritter von Wedenburg.

Ich werde nach den Vorschriften handeln, die man mir eingeprägt, sagte der Jüngling dumpf.

Armuth ist heutzutage für einen Ritter eine Schande, hub Wolff wieder an; früher war es nicht so. Ein geflicktes Wamms war Goldeswerth! hieß es; und wer recht viele Löcher in seinem Koller zeigen konnte, war König. Was habt Ihr mir nun nach Hause zu sagen, denn es möchte so ziemlich die letzte Viertelstunde sein, wo wir so Aug' in Auge einander gegenüber stehen. Verschweigt mir nichts, liebster Junker! sagt Alles haarklein, was Euer Brüstlein beschwert, denn ich, Euer alter Wolff, muß es wissen.

Alter, hub der Junker an und stützte das Haupt nachdenklich auf die rechte Hand, wenn du daheim kommst, vergiß nicht darauf zu sehen, daß dem Vater der Nachttrunk bereitet wird zur rechten Zeit. Das war sonst mein Amt. Rücke auch seinen Sessel auf die rechte Weise an den Kamin, so daß die Tante Elsbeth, die immer neben ihm sitzt, Platz habe für ihre Arme, wenn sie mit dem Faden der Spindel ausfährt. Du weißt wie unlieb es meinem alten Herrn ist, wenn er an seinem gebrochenen Arme berührt wird, und Tante Elsbeth, wenn sie die alten Geschichten unsers Hauses bedenkt, thut sich wenig Gewalt an, wenn sie so recht im Reden ist.

Blitz Junker! so thut sie. Es ist ein altes Stück Weib von hoffärtigem Schlage. Nun, sie war ja auch einst kaiserliche Kammerdame.

Und dann sieh, daß meiner Mutter und klein Hedwig's Blumen immer so hold blühen, als es irgend Zeit und Umstände erlauben.

Nein, Junker, das geht nicht. Ein Gärtner bin ich nicht. Ihr waret Alles in Allem im

Hause; das kann ich Euch nicht nachthun. Nun sie werden es empfinden, daß Ihr fort seid.

Und glaubst du, daß ich es nicht auch empfinde? sagte der Jüngling in einem langen, gezogenen Tone und indem er seine dunkeln Augen mit einem schmerzlichen Ausdruck auf den Diener heftete. Ich werde fürder einsam meine Tage und schlaflos meine Nächte zubringen, bis —

Bis Ihr es gewohnt werdet, denn der Mensch wird Alles gewohnt.

Nein — bis das Beil eines wilden Litthauers mir den Schädel spaltet. Dann komm und trage mich nach Hause und lege mich vor dem alten Herrn nieder und sprich: da hast du deinen letzten Sohn; er starb wie die Brüder, vom blutigen Henkerschwerte der Heiden hingeschlachtet.

Vor Gottes Thron werdet ihr Alle wieder erstehen — und dann werdet ihr goldene Rüstungen tragen und purpurne Federbüsche werden von euren Häuptern wehen, und ihr werdet die Streiter Gottes sein! rief der Diener. Uebrigens was Ihr da von einsamen Tagen sprecht, so will ich ein Wort im Vertrauen mit dem Eberhard reden; er ist mein Oheim und dient nun schon seit dreißig Jahren als Laienbruder im Ordens=schloß; er soll ein wachsames Auge auf Euch haben und zusehen, daß die Weißmäntel mit ge=hörigem Respekt Euch behandeln. Denn Ihr seid kein hergelaufener Bub, wie sie sonst wol welche aufnehmen. Auch für Euren Zeitvertreib wird er sorgen; denn er kennt den Orden und das alte Ordenshaus wie seine Hosentasche. Dabei ist es ein Mann in Zucht und Ehren grau geworden, von altem Schrot und Korn.

Das Bereitstehen der Fähre wurde jetzt ge=meldet und Herr und Diener machten sich dahin auf. Wie sie auf dem Wasser waren, theilte sich der Nebel und in der Glut der Morgensonne traten die imposanten Mauern des Ordensschlosses in ihrer ganzen Schönheit hervor. Es war ein Bau, der für die Größe und die Macht dieser gewaltigen Herren, wie die Ritter genannt wur=den, sichtbar Zeugniß ablegte. In der Einsam=keit dieser öden und unbebauten Flächen erwar=tete man nicht so riesige Mauern emporsteigen zu sehen, sie erhoben sich gleichsam wie auf einen

Zauberschlag aus dem Boden. Die kleine Stadt Marienburg verschwand mit ihren Häusern und Kirchen von nur geringer Höhe gegen die majestätischen Zinnen, die sich dicht hinter ihr erhoben und deren höchste Spitzen die Wolken zu berühren schienen. Das Banner der Kreuzfahrer wehte von dem Hauptthurme, und im Sonnengolde glühend prangte das kolossale Standbild der heiligen Jungfrau, gleichsam siegblickend über die weiten Lande hin, die unter dem Schwerte ihrer Paladine für die Lehre ihres göttlichen Sohnes gewonnen waren. Der Anblick der prachtvollen Burg und der wunderbare Schimmer, den das heilige Bild von sich warf, wirkte so heftig auf fast alle Reisenden, die sich auf der Fähre befanden, daß die meisten derselben auf die Kniee fielen und Gebete murmelten. Ein Priester, der sich unter der Menge befand, nahm die Gelegenheit wahr, erhob seine Stimme und rief, daß es das Rauschen der Wogen übertönte: Ja, Christen, seht da, was die Streiter Gottes vollbracht. An diesem Orte standen einst schlechte Hütten, und ihre Bewohner, arm und dürftig, beteten fremde Götter an. Da zog in dieses Land der nächtlichen Nebel ein Häuflein frommer Streiter. Sie bauten sich ein Haus, das größer und größer wurde und endlich eine feste Burg bildete, und als sie nun heimisch hier waren, erschlugen sie den Drachen des Heidenthums und bauten unserer allergeliebtesten Frau Altäre. Ihre Dankopfer wurden angenommen und Gott segnete sie. Ihre Stärke wuchs und ihre Herrlichkeit nahm zu! Jetzt sind sie die Herren des Landes.

Während dieses Lobliedes schwamm die Fähre langsam zu ihrem Ziele heran. Schon vernahm man im Innern der Burg die Glocke, die zur Frühmesse läutete.

Als man die Fähre verließ, blieben die meisten Reisenden in der Stadt, nur Goswin, dies war der Name unsers jungen Ritters, und Wolff begaben sich in die Burg, wo sie eine große Anzahl kleiner und großer Brücken, Treppen, Gänge, Vorhöfe und Höfe zu überschreiten hatten, ehe sie in das Innere des Schlosses gelangten und dort den Schließer Eberhard heraus fanden, der sie fürs Erste in seine Zelle nahm, wo er sie beherbergte, bis die passende Zeit würde gekommen sein, sie zu melden. Aus den Fenstern dieses niedern Gemachs, im Erdgeschoß gelegen, konnten die Ankömmlinge den Burghof und den Eingang der Schloßkirche übersehen. Ein wild durcheinander treibender Haufe von Rittern, scherzend, lachend und fluchend, manche noch beschäftigt ihre Kleidung in Ordnung zu bringen und ihre Mäntel über die Schulter zu werfen, drängte sich der offenen Kapellenthüre zu, aus der Gesang der Priester erscholl. Einige blieben vor der Kirche stehen, rieben sich die Augen, streckten die Arme gen Himmel, aber nicht zum Gebet, sondern wie Schlaftrunkene zu thun pflegen, die man plötzlich geweckt. Auf Goswin machten die stille, erhabene Feier eine Stunde früher auf der Fähre und nun die Auftritte, die er hier vor Augen sah, einen eigenthümlichen Eindruck. Der alte Eberhard nahm einen schweren Schlüsselbund von der Wand und hieß seine Gäste geduldig warten bis er wieder käme.

Zweites Capitel.
Der alte Schließer.

Wir wollen die Zeit benutzen, da wir den jungen angehenden Templer richtig in der Burg, die ihm künftig als zweite Heimath dienen soll, abgeliefert, um unserm Leser Einiges von ihm und seiner Familie zu erzählen.

Der alte Herr Hugo von Webenburg hatte eines Zwistes wegen, den er mit dem damaligen Landesherrn der Mark gehabt, die Hofhaltung dieses Fürsten verlassen und hatte sich auf sein altes Familienschloß, die Webenburg, zurückgezogen. Hier war er bereits früher mit dem Orden in Verbindung getreten, ohne jedoch zu ihm zu gehören, denn als er die weltliche Hofburg verließ, und in die Nähe der geistlichen zog, warb er um ein junges Fräulein aus einer guten, aber unbemittelten Familie. Der damalige Hochmeister war sein Freund, und in Folge eines vielleicht unüberlegten Gelöbnisses hatte Wedenburg dem Orden, wenn ihm der Himmel mehre Söhne schenken würde, zwei derselben zugesagt. Vier Söhne entsprossen dem Ehebette des tapfern Herrn; zwei derselben dienten dem Orden in seinen vielen Kriegen freiwillig, wie es der Vater gethan, der dritte legte das Gelübde ab und empfing den Mantel, starb jedoch früh, und nun war es nothwendig, um das gegebene Wort zu lösen, daß der jüngste, Goswin, die versprochene Zahl voll machte. Außerdem war es des Jünglings eigener Wunsch, Ordensritter zu werden. Er hatte nie in den Erzählungen seiner Kindheit etwas anderes gehört, als bewundernde Schilderungen von dem Glanz und der Macht dieser allgewaltigen Verbrüderung, die von keinem irdischen Fürsten, sondern von Gott selbst — denn der heilige Vater zu Rom erschien hierbei gleichsam nur als Geschäftsträger Gottes, der in seinem Namen Verträge errichtete und Bündnisse abschloß — Gesetze und die Statuten ihrer Gesellschaft annahm. Man hörte im ganzen Lande wenig von dem Fürsten, aber man hörte immer und immer wieder von dem Orden sprechen. Die blutigen Kämpfe, die er bestanden, die grausenerregenden Gefahren, in die er sich muthvoll begeben, die Siege, die er erfochten, und der Schrecken, den er den benachbarten Heidenvölkern einflößte, die ewig gegen seine imponirende Größe ankämpften, lebten in Aller Gedächtniß. Das Volk verehrte die Ritter als seine Beschützer, es lobte sie als Helden und es betete sie an als Heilige; denn noch wußte man nicht anders, als daß das strengste ascetische Leben im Innern jener mächtigen Gottesburg wirkte, daß der Schimmer der Heiligkeit von dem Haupte jedes einzelnen Ritters zu einer gemeinschaftlichen großen Glorie zusammenschmölze, die sich über das Land verbreitete. Es hatten zwar schon einige Stimmen verkündet von Streitigkeiten im Innern des Ordens, auch hatte man vernommen, daß hier und da, aber in entfernten Ordenshäusern, ein Verstoß gegen die Sitte und gegen die Regel des Ordens vorge=

kommen, allein man hörte zugleich, wie strenge ein solcher Fehl geahndet wurde, und wie sorgsam Meister und Ordensgebietiger über die Reinheit der Verbrüderung wachten. Die schreckenvollen Gerüchte, die verbreitet waren, von lebendig eingemauerten Rittern, von Büßern, die lebenslang in Haft saßen, trugen viel dazu bei, die ehrfurchtsvolle Scheu von der Zucht des Ordens überall hin zu verbreiten, und die Träger des „weißen Mantels" zu Gegenständen einer fast abgöttischen Verehrung zu machen. Die Priesterbrüder, die frei im Lande herumzogen, trugen ihrerseits nicht wenig dazu bei, dem Orden auch über die Grenzen seiner Landestheile hinaus Achtung zu verschaffen; sie waren Missionäre, die ganz verschieden von den übrigen Mönchen, heldenmüthig sich den Boden erkämpften, auf dem sie dann predigten. Man sah diese Rittermönche einzeln und in Schaaren sich in die undurchdringbaren Wälder begeben und in die Nacht der Gebirgsschluchten eindringen, wo sich bis in das nördliche Skandinavien hinauf die heidnischen Götzendiener vor dem Panier des Kreuzes in gefahrdrohendem Hinterhalte verbargen. Die meisten dieser muthigen Männer fanden einen entsetzenvollen Tod. Es wurden ihre blutigen Glieder herumgeschleift und mehr als einmal diente ihr entseelter Leib zu einem ekelhaften Mahle, um das sich die Heidenpriester schaarten.

Von diesen Schrecken und von diesen Wunderthaten kam natürlich selbst die kleinste Kunde frühzeitig zu den Bewohnern der Burgen, die zunächst dem Schauplatze der Wirksamkeit des Ordens lagen, und somit hörte der junge Goswin im Schoße der Seinen wenig anderes besprechen, als was die Ritter gethan und was sie noch thun würden. Denn es gab Propheten, die die Herrschaft des Ordens noch einst über die ganze bekannte Erde weissagten. Dem Gelöbniß des Vaters, und dem Wunsche des Sohnes entgegen, machte sich im Kreise der Familie eine Stimme laut, die das Verlangen aussprach, daß der Jüngling sein Glück machen solle am kaiserlichen Hofe zu Wien. Diese Stimme machte die Vaterschwester geltend, eine im steifen spanischen Etiquettedienste ergraute Hofdame. Es sprach hierfür manches. Die Familie war verarmt, der Kaiser zahlte gut, Goswin war ein schlanker hübscher Junge, paßte sich demnach vortrefflich zu einem kaiserlichen Pagen, und die Verbindungen der Tante waren noch hinlänglich wichtig und dauerhaft, um in die Ferne für den geliebten Schützling zu wirken. Die Mutter schlug sich zu der Tante und beide Frauen kämpften nun mit gelinden und sanften Waffen gegen den alten Herrn, der seinerseits wieder den Burgkaplan zum Kampfgenossen hatte, der ihn daran mahnte, daß man Gott das Wort halten müsse, das man ihm gegeben. Der alte Ritter machte auch Gründe der Ehrbarkeit geltend: Goswin's frische Jugend, seine keusche Sitte, die im Vaterhause unberührt geblieben, konnten in der großen Kaiserstadt auf Klippen laufen; durchaus aber nicht bei den Mönchsrittern, die ein strenges Gelübde ablegten und danach lebten. Die Frauen riefen: Willst du, daß dein einzig Leben und Blut im schnellen Tode dahin gerafft werde, wie es mit den andern Knaben geschah? Soll man dir einmal seinen zerstückelten Leib ins Haus tragen, und du den Erben deines Namens in

die Gruft tragen sehen, wo sein Wappenschild über
ihm, als dem letzten seines Stammes, zerbrochen
wird? O Vater, Vater! ist solches eines
Vaters Art, zu wünschen, daß sein einziger Sohn
sterbe? Auf diese Rede erwiderte der Ritter:
Und soll ich mein einzig Blut und Leben dem
Lasterkobold dahingeben? soll das Roth seiner
Wangen wegtriefen unter dem geilen Druck frecher
Weiberhände? Ein Mann soll keusch leben und
Gott dienen und für die bedrängte Unschuld sein
Leben lassen: das lernt er bei den Rittern. Niemand hat gereut, in seiner Jugend ernst und fest
gelebt zu haben; aber es hat gar Vielen bitter
gereut, in lustigem Laster ihre goldenen Tage
hingeschwelgt zu haben. Und was die Fortsetzung
meines Stammes betrifft, damit die Vettern nicht
meine kleine Burg erben, so hoffe ich späterhin
vom Papste Dispensation zu erlangen, daß er
wieder austrete aus dem Orden, um sich ein
Weib zu nehmen. Gelingt dies aber auch nicht,
so ist es mir auch recht. Mag er der Letzte seiner
Linie sein: mit Ehren hat sie dann begonnen,
mit Ehren geschlossen. Mein Grabgewölbe wird

dann zugemauert und es liegt kein Schuft darin. Alles, was darin liegt, hat ein hochzeitliches Kleid der Ehren an, sowol Weiblein wie Männlein. Und dann, hier sah der Burgherr mit einem Zug von höchst weltlicher Schalkheit seine Hausfrau an, kann nicht meine Gertrud mir noch einen Buben schenken? Sara hielt ihr Wochenbett mit grauen Haaren.

Der Schluß dieser Debatten war jedoch immer: Und ich muß mein Gelübde halten! Dabei bleibt's!

Und es blieb dabei. Als der Tag der Abreise herannahte, legte die ganze Familie Beichte ab, that Buße und nahm das Sakrament. Darauf empfing in der Burgkapelle der junge Mann die Benediktion und seine künftigen Pflichten wurden ihm nochmals eindringlich von dem alten Geistlichen vorgehalten. Er mußte in seines Vaters Hand geloben, unsträflich vor Gott und Menschen zu wandeln und sein Leben freudig hinzugeben, wenn der Meister des Ordens, sein künftiger unbeschränkter Gebieter, es fodern würde. Bei dieser Gelegenheit fiel das Hoffräulein in Ohn=

macht und Frau Gertrud selbst, obgleich eine starke Frau, bekam einen Anfall von Schwindel. Sie zerrann in Thränen und hing an ihres Sohnes Hals, als sollte sie ihn nie wiedersehen; auch das jüngste Kind des Hauses, das kleine Fräulein, war niedergeschlagen über alle Maßen. Auf der Warte der Burg zeigte sich nochmals sämmtliche Hausgenossenschaft und stand in scharfem Winde dort oben lange, lange Zeit, bis von den zwei Reitern nichts mehr zu sehen war.

Alle diese letzten Vorfälle mit ihrem Weh und Leid kamen dem Jüngling jetzt frisch in den Sinn, als er in der engen dunklen Klause stand und, auf Wolffs Schulter gelehnt, durch die Gitterstäbe des Fensters blickte. Sie sprachen beide kein Wort. Endlich kam der Schließer wieder, hing unwirsch und mit einem Gepolter von unverständlichen Reden den Schlüsselbund wieder an den Nagel und wendete sich zu seinen Gästen. Ich kann den Junker noch nicht melden. Es ist eine Zucht hier im Hause, daß man nicht weiß, ob die Heiligen oder die Teufel regieren: Gott straf mich. Da renne ich herum und Niemand giebt mir Antwort. Oben im Drapier=Remter liegen die Ritter umher auf Tischen und Bänken und jeder hat mit seinem Morgenimbiß so viel zu thun, daß er das Maul nicht zum Reden brauchen kann. So viel hör ich, der Meister ist wieder einmal nicht zu sehen und zu sprechen, er hat sich einge= schlossen. Von den hochwürdigen alten Herren ist nur der Ordenstreßler da, der hat aber das Podagra und heult oben in seiner Kammer vor Schmerzen. Der Comthur, der der Ordnung ge= mäß die Geschäfte versieht, wenn der Meister sich verschlossen hält, ist mit zwölf Rittern und sieben Knechten nach Danzig ausgerückt und kommt erst morgen zur Vesper wieder. Was ist die Folge hiervon? daß ihr warten müßt, Junker. Weil es aber nicht erlaubt ist, im Innern der Burg auch nur über die dritte Stunde hinaus etwas Fremdes zu dulden, so müssen mein Neffe Wolff und die Pferde baldigst fort, Euch selbst will ich schon auf meine Gefahr hin bis morgen hier in meinem Kämmerlein verborgen halten.

Oheim! sagte der Diener, indem er den Schließer bei Seite zog; könnt ihr es nicht so ge=

scheit machen, daß ich beim Junker bleibe auch bis morgen. Es ist mir nur, daß ich ihn dann noch ein paar Stunden länger anschaue.

Es sei, sagte Eberhard, von der Anhänglichkeit seines Schwestersohns an seinen jungen Herrn gerührt. Er betrachtete ihn näher und rief: Aber Bursch, wie bist du alt geworden. Als ich Schloß Wedenburg verließ, nun es sind weit über vierzig Jahre, hob ich dich auf meine Kniee und ließ Dich Sprünge machen. Aber Du hast die ehrlichen Augen der Ursula, deiner Mutter, bewahrt. Doch hört mich an. Wenn ihr auch nicht vor das Angesicht des Meisters gelangen könnt, so weiß ich doch noch einen Meister, der noch höher steht als der unsrige: der ist bereit, euch vor sich zu lassen. Ich meine ihr sollt —

In die Kirche! Ja, dahin führe uns, Alter! sagte der Junker rasch.

So kommt! Ich bringe euch auf ein Plätzchen, wo Niemand euch sieht, und ihr thut dann eure Pflicht wie ihr sollt. Denn Niemand darf ein Haus betreten, ohne dem Hausherrn seine

Reverenz zu machen. Der Herr des Himmels und der Erden ist aber gerade unser Hausherr. So kommt.

Nochmals wurde der Schlüsselbund von der Wand genommen, und durch einen unterirdischen Gang, der nur spärlich Licht durch ein Gitter von oben empfing, gelangten sie zuerst in eine Art Kellergewölbe, das aber mit Nischen und Altären, grob zusammengefügt und halb in Trümmer gesunken, verziert war. Der Ort war zu merkwürdig, als daß Goswins Neugier sich hier nicht hätte in Fragen Luft machen sollen. Eberhard erklärte, daß hier zur Zeit der Gründung des Ordens der erste christliche Gottesdienst gehalten worden und daß die Heiden hier einst eingedrungen seien und den Priester am Altare und sämmtliche Ritter schmählig ermordet hätten. An der Stelle, wo dieser Mord geschah, mußte, so lauteten die Ordensstatuten, alljährlich eine stille Messe vom Hochmeister in Person abgehalten werden. Dies war aber schon seit lange nicht mehr geschehen, wie Eberhard seufzend hinzusetzte, denn wer mag in dunkle Winkel kriechen, wo Molch und Kröte nisten, wenn man in fürstlichen Prachtgemächern hausen kann.

Auf dem Chor der Kirche angelangt, zeigte der Führer ein Plätzchen, wo alsobald Goswin und Wolff sich auf die Kniee niederließen und angesichts des Allerheiligsten, das der Priester am Altare emporhob, ihr Gebet verrichteten. Eberhard stand zur Seite und betrachtete aufmerksam abwechselnd den schönen, noch fast knabenhaften Jüngling und dann den Sohn seiner Schwester. Er schüttelte das Haupt und sprach einige leise Worte vor sich hin.

Als sie aus der Kirche kamen, führte sie derselbe Weg wieder zurück. Während Neffe und Oheim vorausgingen und plauderten, blieb Goswin ein wenig zurück und betrachtete schaudernd die unterirdische Kapelle. Seine Phantasie malte sich die Grenelauftritte aus, die hier einst sich begeben, und ehe er sich's versah, befand er sich in der Einsamkeit. Die verhallenden Stimmen der Sprechenden schlugen nur noch aus weiter Ferne an sein Ohr. Rasch eilte er ihnen nach, verfehlte aber den rechten Gang und plötzlich stand eine riesige Gestalt vor ihm, von oben bis unten in Grabtücher gehüllt und mit Ketten raſſelnd. Wie ein Geiſt, aus der Tiefe geſtiegen, grauſenvoll, die Sinne beſtrickend, ſo ragte dieſes Weſen dicht neben dem Jüngling empor, indem es aus ſtarren, vordringenden Augen wilde Blicke auf ihn ſchleuderte. Es erhob ſeine Stimme zum Sprechen und unverſtändliche Worte drangen vor; ebenſo machten die Hände Zeichen, deren Sinn nicht zu errathen war. Endlich floh dieſes Geſpenſt mit einem thieriſchen Geheul von dannen und hinter ihm fiel eine ſchwere Eiſenthür ins Schloß. Wegen der Finſterniß, die weiterhin herrſchte, konnte Goswin nicht bemerken, nach welcher Richtung hin dieſer Ausgang lag. Zu gleicher Zeit hörte er auch ſchon Wolff's und Eberhard's Stimmen, die ihn laut riefen. Sie kamen beide herbeigeſtürzt und ſchloſſen ihn in ihre Mitte. Als das Tageslicht Goswin's Züge beleuchtete und ſie ſo bleich wie im Tode zeigte, fragte Eberhard, was ihm geſchehn ſei? Goswin erwiderte nur, daß er gefürchtet habe, ſich zu verirren und daß er darum ſo erschrocken sei. Diesen Grund ließ der Schließer gelten.

Er führte jetzt seine Gäste, ebenfalls auf Wegen, die nur er kannte, an den Mauern der Burg hin und ließ sie die mächtigen Festungsgräben bewundern, die das dunkle Wasser im sichern Bette hüteten. Mächtige Sturmböcke und Pallisaden ragten aus der Tiefe hervor und bildeten mit den Thürmen und Verschanzungen, die längs der Gräben hin angebracht waren, eine undurchdringliche Kette. Diese Bollwerke und Mauern schienen für die Ewigkeit gebaut, und in den finstern Kasematten, die dicht über dem Wasserspiegel ihre unheimlich kleinen, vergitterten Luftlöcher zeigten, schien noch eine unterirdische Welt verborgen zu sein, in die das Auge keines Eindringlings blicken konnte und von deren Schrecken Goswin soeben wie im Fluge etwas erlauscht hatte.

Durch den Meister Dietrich von Altenburg, erklärte Eberhard, ist auf der Südseite ein großartiges Wasserdruckwerk eingerichtet worden, mit dessen Hülfe die ganze untere Burg unter Wasser gesetzt werden kann, so daß, wenn der Feind uns

überrumpelt, wir mit einem Schlage unsere sämmt=
lichen Gefangenen und das ganze Lazareth, dessen
Räume sich im Erdgeschoß befinden, dem Tode
übergeben können. Auf diese Weise gelangt kein
kranker Ritter in Feindes Hand. Der Meister
Winrich von Kniprode, der menschenfreundliche
und gütige Herr, ließ jedoch die Wasserkunst wie=
der zerstören, so wie er auch die schwarzen Kam=
mern zumauern ließ, in denen zur Zeit der ersten
Meister die hochnothpeinlichen Strafgerichte vor=
fielen und um Mitternacht, bei Fackelschein, die
Richter über die weiße und über die schwarze Ma=
gie zu Gericht saßen. Später sind einige dieser
Kammern wieder eröffnet worden, so wie das
Druckwerk von einem hochgelahrten Baumeister
aus Köln wieder in den Stand gesetzt wurde,
denn es kamen nach dem Herrn Winrich die
schweren Zeiten, in denen uns die Heiden von allen
Seiten her zusetzten und selbst Ordensvasallen
abfielen, wie es auch Euer Vater, Junker, wol
erzählt haben wird. Ich, wie Ihr mich hier seht,
habe das Alles mitgemacht. Es gab Zeiten, wo
unsere Burg, trotz ihrer gewaltigen Mauern,

nicht fester stand, als der letzte Zahn im Munde einer alten Jungfer. Aber der Himmel schickte uns einen braven Meister nach dem andern, und wir hielten das Haupt tapfer über dem Wasser. Die St. Annenkirche, in der wir so eben gewesen, ist ebenfalls von dem Meister Dietrich erbaut. Wenn Ihr in den großen Remter kommt, wird man Euch sein Bild zeigen. Der Thurm da, der so schlank zum Himmel reicht, als suchte er sich die Wolke aus, die er mit seiner schlanken Spitze anspießen möchte, um sie als Fähnchen von seiner Zinne flattern zu lassen, wurde am Tage Philippi vom Meister Kniprode vollendet, wo der Gnädigste mit eigener Hand die letzte Schindel auf dem Dache auflegte. So wenig litt der gestrenge Herr am Schwindel. Das machte das ordentliche und strenge Mönchsleben; es sollte nur Einer von unsern Trunkenbolden von heute sich hinauf wagen, er läge bald in dem kalten, schwarzen Wogenbette.

Also es ist doch wahr, hub Wolff schüchtern an, daß so gar arg gezecht wird in der Burg heutzutage.

Ich will nichts sagen, entgegnete der Schließer; die Wände haben Ohren unter diesem Meister, der Alles weiß, obgleich er nirgends sich zeigt. Der Junker wird selbst zuschauen, und unsere Burgfrau, die gebenedeite Jungfrau, wird ihn bewahren, daß er nicht mit den Wölfen zu heulen beginnt. Seht mal über euch das Gesicht, das dort herausguckt, wie gefällt euch das?

Goswin und Wolff richteten ihre Blicke nach oben an der Mauer hinauf und sahen eine kolossale Fratze, einen dunkelblaurothen, aufgedunsenen Menschenkopf darstellend, der aus einer kleinen Oeffnung hervorsah und dem aus den Augen, Ohren und dem Munde ein ekelhafter dunkelgelber Spülicht hervordrang. Die Zunge hing diesem Zerrbilde weit aus dem Rachen.

Das ist, erklärte Eberhard, das Konterfei eines Ritters, der sich zu Tode trank und den der Meister Werner zum warnenden Exempel dort von einem geschickten Bildner, der besonders Teufelsfratzen ganz vortrefflich zu Stande brachte, hat anbringen lassen. Er dient zugleich als Abzugskanal für den Spülicht der Küche, so daß es in der That aussieht, als wenn der Arme sich ohne Unterlaß erbräche.

Wolff und Goswin lachten über den Kopf und Eberhard sagte streng: Ihr sollt nicht lachen, Junker; Euch soll vor dem Laster grauen: dies ist der Zweck des Bildes.

Jetzt kamen sie an die prachtvolle Zugbrücke, die niedergelassen war und auf der einige Ritter im Morgenlichte promenirten. Es waren junge Leute und sie lachten und scherzten und suchten Einer den Andern über die Brustwehr in den Graben zu werfen. Ein paar ältere Herren unterhielten sich eifrig, und wie es schien, über ernste Gegenstände, denn der Eine faßte oft an sein Schwert und schüttelte es zornig.

Hier müssen wir rasch vorbei! flüsterte Eberhard, denn ihr dürft nicht gesehen werden.

Sie gelangten jetzt an die Nordseite der Ringmauern, dort war der Pfad so eng und so eingeschlossen, daß der Himmel nur wie ein lichter Streifen über ihren Häuptern zu sehen war. Es mußte Einer dicht hinter dem Andern gehen, und die beiden älteren Männer schlossen den Jüngling zwischen sich ein, damit er sicherer gehe. Man hörte hier unterirdische Wasser rauschen, und ein Getöse, das unerklärbar war, hallte in das Ohr. Eberhard hielt sich nicht lange hier auf, er zeigte nur flüchtig auf eine dunkle Tiefe innerhalb der Mauern, und indem Goswin sich niederbückte um zu schauen, was in der schwarzen Nacht unter ihm verborgen, rief Eberhard: Nehmt Euch in Acht, liebster Sohn, dies ist der Kinderbrunnen, und da treibt ein abenteuerlicher Spuk sein Wesen. Einst soll es einen Ritter gegeben haben, so sagt man, ich habe ihn nicht gekannt, der hatte es mit einer Dirne, und das Kind dieser Magd sammt der Mutter warf er mit verruchter Hand in die Tiefe dieses Loches, das unergründlich sein soll. Der Mutter hatte er einen Stein um den Hals gebunden, die blieb also da, wo sie war, das Kind aber kam aus der Mutter Armen aus der Tiefe hervor, natürlich todt und als Spuk, und nun wuchs es und wuchs, bis endlich das blonde Köpfchen über dem Rande des Brunnens sichtbar wurde, mit den geschlossenen Augen. Zu jeder Vollmondszeit kam es und stattete dem Vater einen Besuch ab, wie artige Kinder zu thun pflegen. Die Mutter, die unten fest lag, suchte es zu halten und umklammerte die Beinchen, allein des Kindes Leib wuchs, wurde fadendünn und unendlich lang, so lang, daß es aus dem Brunnen heraus immer höher sich dehnte, so dünn, daß es endlich oben in das Thurmgemach reichte und in die vergitterte Kammer hinschaute, wo der Vater gefangen saß. Was es dem erzählt, das weiß der Himmel, und mit welchen Blicken die kalten, mit feuchten Todesschleime verklebten Aeuglein ihn angeschaut, das kann man sich auch besser denken, als daß man es erzählen kann. Genug, der Ritter starb im Wahnsinn, und seitdem läßt sich auch der ärgste Uebelthäter nicht in die obere Thurmkammer einsperren, weil die Sage geht, das Kind gucke zur Vollmondszeit noch immer in das Gitter hinein.

Das ist eine böse Geschichte, sagte Wolff.

Es ist nicht die einzige, die ich zu erzählen weiß von diesem dunkeln Sündenhause, sagte Eberhard und warf einen Blick auf die Burg, die jetzt in ihren großartigsten Formen hervortrat, denn man näherte sich dem Prachtbau der Meisterwohnung, die, dem Lichte völlig freigegeben, die herrliche Aussicht des Zusammenflusses der beiden stolzen Ströme, der Weichsel und der Nogat, beherrschte. Die Wanderer standen geblendet still, als sie aus dem düsteren Geklüfte, das sie eben verließen, in die strahlende Helle des Tages traten und jetzt einen breiten, bequem gepflasterten Weg vor sich sahen, der kleine Gartenanlagen und Baumpflanzungen in sich schloß.

Hier wohnt der Meister, und hierhin, nach der Thalebene schauen seine Fenster, sagte Eberhard. Von dem breiten Strombette geschützt, ist kein unmittelbarer Angriff hier möglich und deshalb kann man hier auch etwas mehr Luft schöpfen als anderswo.

Hier möchte auch ich wohnen, rief Goswin.

Die Wohnung der Novizen wird ihnen angewiesen, sagte Eberhard, sie ist nicht ihrer Wahl überlassen.

Das weiß ich, entgegnete der Jüngling erröthend; mein Wunsch war ein Vorwitz; ich werde mit der schlechtesten Wohnung zufrieden sein, denn ich komme ja nicht hierher, um in irdischem Sinne Wohlbehagen zu suchen.

Gut gesprochen, Junker. Ich kann mich noch besinnen, wo die vornehmsten Ritter — nun eigentlich vornehme giebt es nicht unter uns, ich meine aber die Söhne von Grafen und Fürsten — auf dem nackten Fußboden lagen, nur mit ihrem Mantel zugedeckt. Jetzt ist es freilich auch hierin anders. Das macht — der da oben kümmert sich um Gott und die Welt nicht!

Eine stumme Bewegung zeigte zu den Fenstern der Meistergemächer hinauf.

Der Gang war jetzt beendet und Eberhard führte seine Gäste wieder in die Zelle zurück. Er selbst entfernte sich, seine Geschäfte zu besorgen, bat jedoch jene inständigst, nicht vom Platze zu gehen.

Eine traurige Nacht verging. Goswin, der nicht schlafen konnte, saß am Fenster des Stübchens und sah zum Monde hinauf, der still und rein oben in dem dunkeln Luftmeere schwamm, gerade so mild und friedlich lächelnd, wie er durch die Fenster der väterlichen Burg blickte, wenn der

Knabe zwischen Mutter und Muhme sitzend, die Märchenerzählungen der Erstern anhörte.

Aus seinen Träumereien wurde er emporgeschreckt durch einen dunklen Gegenstand, der plötzlich dicht vor ihm stand, und sich an die Gitterstäbe klammerte. Es kann die Phantasie kaum eine schreckeneinflößendere Gestalt sich denken, als die im ungewissen Lichte sich hier dem Auge des nächtlich Wachenden darstellte. Ein unförmlicher zusammengeknäulter Körper trug zwei Köpfe auf seinen Schultern und diese beiden Häupter machten seltsame Bewegungen im Mondlichte. Goswin sprang vom Fenster weg, denn er fürchtete, das Ungethüm werde ihn erfassen, doch es begnügte sich aufmerksame und, wie es schien, spähende Blicke in das Innere der Klause zu senden, und dann stürzte es mit einem dumpfen Gemurmel hinab und war verschwunden. Der Rest der Nacht verging ohne Störung. Als der Jüngling Meldung that von diesem Abenteuer, sagte Eberhard bestürzt: Nun ist keine Zeit zu verlieren, oder ich komme in harte Pönitenz! Das Burggespenst hat Euch gesehen, Junker, und in dieser Stunde ist auch die ganze Burg von Eurer Gegenwart in Kenntniß gesetzt. Ich will nur sogleich eilen und den Bruder Treßler zu sprechen suchen.

Sagt mir erst, bat Goswin, was es mit diesem Nachtspuk für eine Bewandniß hat. Ihr scheint hier mancherlei Geheimes in eurem Hause zu haben.

Ja, ja, mancherlei Geheimes! entgegnete der Schließer; das weiß Gott. Es sind Geheimnisse hier vorhanden, in die noch kein sterblich Auge, ausgenommen das des Meisters und der zwei Uralten, die wir noch haben, geschaut hat. Davon sind ihnen aber auch die Augen so tief in den Kopf gesunken, und sie haben die fahle Leichenfarbe erhalten. Es ist nicht gut, daß die Creatur von gewissen Dingen Kenntniß habe, das sage ich immer, und bin froh, daß sie mich nicht zum Wissenden gemacht haben, obgleich ich meinen Dienstjahren nach es schon sein sollte. Was aber den Nachtspuk betrifft, so ist dies ein lebendes Wesen von Fleisch und Bein, und zwar ist es ein armer Schwächling, der hier in Ge=

fangenschaft lebt. Auf einem der Kriegszüge des vorigen Meisters, der überhaupt eine Freude an Zwergen, Krüppeln und an allerlei Ungestalten bei Mensch und Gethier hatte, wurde ein Fürst der Kassuben eingefangen und sammt seinen zwei Söhnen, die Zwillinge waren, hier eingebracht. Der Vater fand Gelegenheit zu entkommen, die Söhne aber blieben hier. Man sagt, daß man ihnen Gift beibrachte, um sie fortzuschaffen, da man sie doch nicht geradezu todtschlagen wollte. Der Eine starb, und der Körper des Andern wurde von einer Art Gicht so arg zusammen gezogen, daß er sich nur mühsam und mit Hülfe einer Krücke fortbewegen kann. Das hindert aber nicht, daß er fortwährend in Bewegung ist und alle Treppen und Corridore durchhumpelt und durchkriecht, um Neuigkeiten zu erfahren und herumzutragen. Die Ritter haben ihren Spaß mit ihm und da das arme Geschöpf zum Christenthume übergetreten ist, wird er Ritter Lumpo von Lumpodei genannt. Des Meisters große Meerkatze, die Frauenkleider trägt, wird öfters von ihm herumgetragen und gepflegt. Was den zweiten

Kopf betrifft, den er künstlich auf seiner Schulter befestigt, so ist es das Todtenhaupt seines Zwillingsbruders, das von dem Arzte künstlich getrocknet und einbalsamirt worden ist, und nun wie ein lebendiges aussieht. Oft hört man ihn mit diesem Haupte lange Zwiegespräche halten, wo er selbst für den Todten antwortet, alles dies in der für uns unverständlichen Heidensprache. Doch sollen diese seltsamen Reden arge Lästerungen auf uns und unsern Glauben enthalten. Dabei ist er aber eine gutmüthige Creatur, und thut keinem Wesen etwas zu Leide.

Als Eberhard fort war, legte sich der Junker tiefstraurig auf seines alten Dieners Schulter.

Bei meiner Treu, sagte dieser; es gefällt Euch hier schlecht und Ihr möchtet am liebsten gleich wieder mit mir heimwärts.

Lästre nicht! sagte der Jüngling, wie dürfte ich mit meinem Herrn und Gotte Spott treiben, der einmal nun mein Wort hat. Nein, ich harre hier aus und wenn auch alles Ueble und alle Schrecken der Welt hier auf mich losgelassen würden.

Nun, nun, so schlimm wird es auch nicht kommen. Im übelsten Falle sind wir ja in der Nähe.

Meinst du, rief der Junker stolz, daß auch nur der kleinste Laut der Anklage meinen Lippen jemals entschweben wird? Da kennst du mich schlecht. Hier ist jetzt mein Vater, hier ist mein Haus! Ich kenne kein anderes. Sie mögen hier mit mir verfahren wie sie wollen, ich bin ihr Eigenthum, ich muß es ohne Klage dulden. Es gibt keinen Richter zwischen meinem neuen Vater und meinem neuen Vaterhause, als Gott allein in der Höhe. Dies laß dir gesagt sein, Wolff, und halte mich nicht für so elend, daß ich, wenn ich hier leide, daheim bei euch, hinter dem Rücken meiner Herren und Brüder, Klage führen werde. Nimmermehr. Ehre und Preis dem Orden! das wird zu jeder Zeit mein Ausruf sein, auch selbst in dem Augenblicke, wo, ungerecht verdammt, auf der Folter meine Glieder auseinander gerissen werden.

Ein ächter Wedenburg! murmelte der Diener vor sich hin: Wem er dient, dem dient er treu, und wenn es der Teufel wäre.

Drittes Capitel.

Der Held der Geschichte lernt seine Umgebung etwas näher kennen.

Wolff hatte seinen jungen Herrn verlassen, und dieser war bereits jetzt schon drei Tage im Ordensschlosse. Er hatte ein Gemach mit noch zwei anderen Neuaufzunehmenden erhalten, von diesen war der Eine ein Italiener, der Andere ein Sprosse eines alten Geschlechtes aus Franken, Otto von Steinach, genannt Landschaden. Der Orden besaß eine solche Berühmtheit, daß von fernher die Jugend sich zu seinen Fahnen drängte.

Von diesen zwei Jünglingen fand sich Goswin zu Otto am meisten hingezogen, beide schlossen sogleich einen Freundschaftsbund. Der Florentiner, Guido von St. Remy, war eine verschlossene Natur, voll Unterwürfigkeit und Demuth, aber auch voll Hinterlist. Er war der Schützling des Bruders Almoseniers, der in Florenz einige Zeit gelebt hatte und dort in dem Hause der Eltern des jungen Mannes bekannt geworden war.

Die erste Prüfungszeit war für Goswin mit den niedrigsten Dienstleistungen angefüllt. Er, der im väterlichen Hause als Herr Befehle ertheilt hatte, mußte sie hier von dem geringsten Laienbruder annehmen. Im Stall, im Hof, in den Gemächern der Burg mußte er unaufhörlich thätig sein, und kaum daß die Ritter, die ihn in dem groben Kittel sahen, ihn eines Blickes würdigten. Wenn ihrer auch nur zwei beisammen waren, so mußte er in ehrerbietiger Entfernung stehen, um nicht den Schein auf sich zu laden, als belausche er ihre Gespräche. In der Kirche war ihm eine Arme=Sünderbank eingeräumt und er mußte oft Stunden lang auf den Knieen liegen, so daß ihm vor Erschöpfung die Sinne zu schwinden begannen. Der alte Schließer Eberhard war alsdann sein Tröster, in dessen Zelle kam

er, nicht um sich zu beklagen, sondern um sich
Raths zu holen, wie er es zu machen habe, um
die strengen Herren zu befriedigen. Eberhard
sagte: Deine Noth muß noch viel höher steigen,
mein Sohn! Du sollst gen Himmel seufzen, wie
wenn Du auf Deinem Sterbebettlein lägest. Be=
denke, daß es jetzt noch weichliche, verderbte Zeiten
sind, gegen früher. Ich kann mich besinnen, daß
sie einmal drei Leichen in den Hof hinaustrugen,
dem einen Körper waren von den Ratten Hände
und Füße abgenagt, man hatte ihn in dem unter=
sten Verließ auf zehn lange Tage und Nächte
eingesperrt und seines Hülferufs nicht geachtet;
der Andere war verschmachtet vor Hunger und
Durst, und man fand ihn im Keller, wie er sich
das Fleisch vom Arme gebissen; der Dritte, den
hatte man durch die entsetzlichsten Schreckbilder
und Phantome in den Tod gejagt. Als der
Meister dies erfuhr, ließ er ein Gebot ausgehn,
das da festsetzte, bis wie weit man die Novizen
prüfen und plagen solle. Und dann sollte auch
Rücksicht darauf genommen werden, ob Einer
schwächlich oder stark; denn nicht alle Naturen

sind gleich. Heutzutage weiß man von dergleichen nichts. Das sogenannte Liebfrauen-Schlafgemach, wo das Marterbette steht, ist seit Jahren nicht mehr aufgeschlossen worden, ebenso der Rattenpalast, der vierzig Fuß unter der Erde ist, und wo die Leute, wenn sie hineingethan werden, bis zur Hüfte in faulem Wasser stehen, wo sie dann von dem Gewürm angenagt werden, und auch die St. Veits-Kapelle, wo die Schreckbilder umgehen, alle diese Strafen und Prüfungen werden nicht mehr angewendet. Also sei ruhig, mein Sohn; was du leidest, ist nicht halb so schwer zu tragen, als was die litten, die vor dir waren. Vielleicht, wenn der Meister dich sieht, daß er sich deiner annimmt; ein Wort von ihm kann allen Dingen eine andere Gestalt geben. Jetzt kommt bald der Elisabethentag, da wird er im großen Remter die Kranken pflegen und die Hungrigen speisen, wie es im Gesetze vorgeschrieben ist, da wirst du ihn von Angesicht zu Angesicht zu sehen bekommen.

Goswin war lebhaft gespannt auf diesen Augenblick. Unterdessen betrachtete er sich genau die Gestalten der mächtigen Ordensgebietiger, die nach und nach sich auf dem Schlosse einfanden. Zuerst war es der Comthur, der mit seinen Rittern heimkehrte. Der ganze Schloßhof hallte wieder von dem Getöse, das die absitzende Schaar machte. Sie legte die Waffen und die Prachtkleider ab und versammelte sich in einem Saal, wo ein Mahl aufgetragen war, und wo die Humpen gefüllt wurden. Goswin, der dem Bruder Kellermeister beigestanden hatte, Vorräthe hinauf zu schaffen, fand einen Winkel im Saal, wo er unbemerkt sich niederließ, um die jungen Ritter sich näher anzusehen, die völlig unter sich, von jedem lästigen Obern befreit, die freiesten Gespräche führten.

Es war von dem eben zurückgelegten Zuge nach Danzig die Rede, und alle die Ereignisse, die Schwänke und Possen, die vorgefallen, kamen mit großem Jubel zur Sprache. Ein Blondkopf, mit verschmitzten Augen, führte das große Wort. Sein Bericht wurde öfters durch Fragen unterbrochen, die drei sehr neugierige junge Helden thaten, die zurückgeblieben waren.

Beschreibe ordentlich und in gehöriger Folge! rief Einer derselben. Fange damit an, wie ihr in die Stadt einzoget.

Bei unserer lieben Frau, ganz einzig! entgegnete der Sprecher. Unsere Pferde, unsere Waffen, unsere Helme, alles blitzte in der Sonne. Herr Ruppo — dies war der geheime Name des Comthurs, der sehr beliebt war — hatte uns kurz vor der Stadt gesagt: Kinder! nur hier ein Bischen anständig, wenn ich bitten darf. Auf der Reise habe ich euch erlaubt zu singen, zu lachen und auf euren Rossen euch herumzuschaukeln, auch habe ich hier und da eine Dirne auf dem Sattel mit aufsitzen lassen, aber hier, hübsch anständig. Bringt eure Mäntel in Ordnung! Haltet euch grade, laßt die Federn auf den Helmen wehen, senkt eure Blicke sittsam zu Boden. Denn hier müssen wir als die frommen Herren auftreten. Bedenkt, daß der Ruf des Ordens auf dem Spiele steht. Wer auf Straßen oder öffentlichen Plätzen die kleinste Ausgelassenheit begeht, hat es mit mir zu thun! Habt ihr verstanden?

Vollkommen, hochwürdiger Bruder! riefen wir wie aus einem Munde.

Und so ritten wir denn ein! Die Blicke gesenkt wie die Nonnen. Obgleich die Fenster, die Erker, die Dächer selbst voll der hübschesten Weiberköpfchen steckten, wir schauten nicht hin. Auf unsern glatten Rossen zogen wir langsam und schweigend dahin, als wären wir Priester, die in ihren Gebeten versunken waren. Höllenelement, das machte Wirkung! Ich sage euch, die Weiberhäupter hüpften wie die Sperlinge auf den Dächern. Dabei waren die hübschesten Jungen voraus, der Lichtenstein, der Tettlingen, der Falkenfels, der Helfenstein und meine Wenigkeit, wenn ihr mich für einen hübschen Burschen wollt gelten lassen, wir ritten im ersten Zuge, gleich hinter Herrn Ruppo, der, wenn er seinen Bart und seine Brauen schwarz gefärbt hat, und gerade seinen Sarazenenblick annimmt, auch keinen üblen Weiberblender abgibt. Ehe wir in unser Ordenshaus kamen, mußten wir an den drei Häusern vorüber, die vom Burgemeister und den Herren der großen Gilde bewohnt werden, und wo man uns zu Ehren die Farben des Ordens aufgesteckt hatte. Der Burgemeister trat auf den Erker heraus, verbeugte sich dreimal und trank dann auf das Wohl des Ordens, welches von uns geziemend beantwortet wurde, indem wir die Schwerter senkten und eine leise Bewegung mit dem Kopfe machten. Hinter dem Burgemeister, der ein Graukopf ist, stand seine Frau, ein engelschönes Weib, und während des Tumults und des Gedränges gelang es mir, ihre Blicke auf mich zu ziehen und ihr einige Marienküsse durch die Luft zuzuwerfen.

Das war gewagt! rief ein Zuhörer. Wenn Herr Ruppo dich bemerkt hätte!

Er hatte zu viel zu thun, alle die Händedrücke und Grüße zu erwidern, die ihm zugewendet wurden. Außerdem, ich bin in solchen Dingen kein Neuling, wie ihr wißt.

Ja, das wissen wir! rief die halbe Tischgenossenschaft in einem Tone.

Nun gingen die Kirchenplänkeleien an. Wir rutschten auf den Knieen bald vor diesen, bald vor jenen Altar, und bekamen die Nasen vollge=

träufelt von dem Weihwasser, das bald dieser Pfaffe, bald jener über uns hinsprißte. Wir neigten die Köpfe zusammen und plauderten und lachten, indem wir Pläne machten, wie wir den Abend und die Nacht hinbringen wollten. Die Kirche war überfüllt, und manches hübsche Kind gab uns ganz willkommene Zeichen. Auch Zettelchen gingen still herum, auf denen Hausnummern standen.

Ihr Gottlosen, das alles in der Kirche!

Und weshalb nicht? Dort gab es die beste Gelegenheit. Die Pfaffen in Danzig wissen recht gut, was sie thun. Verleiten sie die Weiblein zur Sünde, so fließen silberne Bußezähren darüber in ihre Säckel. Und überhaupt, hier in unserm alten Nest, in der verfluchten Einsamkeit, in der wir leben, hat man keinen Begriff, wie weit die Städte bereits in der Civilisation fortgeschritten sind, und wie sehr anständige Leute es zu machen wissen, daß sie dabei doch sehr lustig leben.

Nun ich sage euch, wir hatten vortreffliche Abenteuer.

So erzähle doch.

Gleich zuerst, das meine. Ich bekam zu meinem Antheil ein allerliebstes Weibchen, deren Mann krank lag und dabei entsetzlich eifersüchtig war. Die armen Leute hatten nur ein Zimmer, in diesem Zimmer nur ein Bette. Das hübsche runde Ding mußte neben dem alten röchelnden Skelette liegen, das eine seiner Knochenhände auf ihre weiße Brust legte, wie ein Drache seine Klaue auf den anvertrauten Schatz. Allein ich war ein Schatzgräber, der seine Sache zu machen wußte. Ich schlüpfte ins Bette, drängte mich an die Wand und nahm meinen Platz als Dritter im Bette ein. Der Mann röchelte, das Weibchen kicherte, ich — hob den Schatz. Endlich schlummern wir alle ein. Am Morgen, ich mochte wol in der Unruhe des Schlafs und bei der Schwüle, die im Kämmerlein herrschte, meinen Platz verändert haben, kurz, ich wurde aufgeweckt durch ein seltsames Krabbeln, das sich mit dem Theile meines Körpers zu schaffen machte, der dem Gesichte entgegengesetzt ist. Ich blicke um mich und sehe eine ungeheure Nase und ein gewisses Instrument, das mir nur zu wol be-

kannt ist von unserm Lazareth her. Es ist der
Apotheker, der gekommen ist, dem Kranken ein
Klistir beizubringen und der mich nun, da ich an
dessen Stelle liege, für den Kranken hält. Um
keinen Lärm zu machen, nehme ich geduldig hin,
was nicht für mich bestimmt ist. Als die große
Nase sich entfernt hat und ich die Thüre des
Zimmers zuklappen höre, kann ich doch nicht um=
hin, um mich zu trösten, mein kleines Weib wie=
der in die Arme zu schließen. Es ist wieder
dunkel im Zimmer, denn der Apotheker hat seine
Laterne mitgenommen. Ich drücke meinen Ge=
genstand, ich bringe ihm zärtliche Liebkosungen
bei, allein — o Grausen! ich treffe auf einen
weit offenstehenden Mund mit eiskalten Lippen.
Ich springe in die Höhe, lüfte die Vorhänge und
sehe jetzt, daß ich neben einem todten Manne
liege, und daß ich eine Leiche in die Arme ge=
schlossen habe. Ach, ihr könnt denken, welch ein
Spaß das war! Mir lief der Ekel über den
ganzen Leib. Teufel, wo seid ihr, Frau! rief ich
und sprang mit einem Beine aus dem Bette her=
aus, die Vorhänge zurückhaltend. Hier! ruft eine

feine Stimme, ich liege hier auf dem Betschemmel und bete ein Ave Maria für meinen Mann, der in der Nacht gestorben ist.

Das hättet ihr mir sagen sollen, rufe ich verdrießlich, kleide mich an und verlasse ganz unwirsch das Haus, wo ich bekommen habe, was ich nicht wollte, und wo man mich unverantwortlich in der Ausübung meiner heiligsten Rechte gestört hat.

Ein unmäßiges Gelächter folgte auf diese Geschichte, die Goswin das Blut in die Wangen trieb. Er hörte zum ersten Male dergleichen.

Dem Tettlingen, nahm der Erzähler wieder das Wort, war es nicht viel besser gegangen. Doch Tettlingen, erzähle selbst.

Ein junger Mann mit zierlichem schwarzen Barte und brennend schwarzen Augen folgte der Auffoderung und sagte: Ich hatte die Tochter eines Freisassen, eines reichen Bürgers durch eine kluge Unterhändlerin bekommen, die mich in das Haus brachte unter Verkleidung eines Pfaffen. Nun ihr wißt, meine lateinischen Gebete weiß ich so gut herzumurmeln wie irgend Einer, ich habe ein ganzes Jahr lang sogar in dem heidnischen Neste drüben als Pfaffe fungirt. Unglücklicherweise hatte eine andere alte Here den Bruder Hachenberg auf dieselbe Weise eingeschmuggelt und der Schreck war nicht gering, als wir beide in unsern braunen Kutten uns auf dem Flur begegneten. Wie erkannten uns nicht sogleich und Einer wollte vor dem Andern Reißaus nehmen. Wir wir so beide zur Thüre hinwischten, kam die dritte Kutte dazu; dies war der wahre Beichtiger, der zur ungewöhnlichen Stunde kam, um ich weiß nicht welches. Geschäft im Hause zu verrichten. Zum Glück war der fromme Pater auf einem Auge blind, und taub auf beiden Ohren. Als er also Lärm machen wollte, warfen wir uns auf ihn und preßten ihn zur Thüre hinaus, indem wir ihm seine Kapuze über das Gesicht zogen und sie unter dem Kinn zuschnürten. Jetzt sah und hörte er so wenig, als er einst im Grabe sehen und hören wird. So unschädlich gemacht, brachten wir ihn wieder in das Haus und sperrten ihn in die Küche, die leer war. Dort fiel er hinter die Kessel und Teller.

Wir aber hatten uns erkannt, und zwei gute Füchse, wie wir waren, wählte sich jeder seinen Taubenschlag: ich zu der Tochter, er zu der Magd des Hauses. Wie lachten wir, als die Sache abgethan war, da wir uns beim ersten Lichte des Morgens auf der Straße zusammenfanden. Die zwei Heren, die uns böses Spiel gemacht, straften wir dadurch, daß wir ihnen die falschen Goldstücke gaben, mit denen wir in der Herberge Tags vorher von Juden geprellt worden waren.

Dies war nicht recht, denn sie konnten nichts dafür, und der Zufall hatte Schuld.

Ganz meine Worte, sagte ein Jüngling, der etwas Sanftes und Edles in seinen Zügen hatte. Ein Ritter muß nie täuschen, nicht mit dem kleinsten Worte, nicht mit der geringsten That.

Aber den Teufel zu betrügen, dies wird doch erlaubt sein! rief Tettlingen, und jene alten Vetteln waren des Satans Schwestern.

Falkenfels, du hast uns noch nicht dein Abenteuer erzählt.

Der Aufgerufene war ein junger Mann von kleinem Wuchse, gekräuseltem Haar und mit Ringen an den Fingern. Als man ihn am Namen rief, war er eben beschäftigt, seinen Mantel, der ihm von der Schulter gefallen war, wieder aufzunehmen und in malerische Falten zu bringen. Er vernahm mit einem zufriedenen Lächeln die Auffoderung und entgegnete langsam und mit einer gezierten Stimme: Freunde, habt ihr den Falkenfels je dort erblickt, wo tausend Andere sich Freude und Berauschung holen?

Nein, sicherlich nicht. Du bist der Feine, der Artige, der Niedliche, das Muster eines Ritters wie er sein soll.

Nun denn. Als meine geehrten Kameraden, meine geliebten Brüder in Maria sich, wie wir eben gehört haben, in unziemliche und unerlaubte grobsinnliche Genüsse stürzten, lag ich der edlen Musika ob. Im Hause meines Vetters, des Landdrostes Falkenfels, wurde ein kleines Conzert veranstaltet, wo ich meine schöne Muhme auf der Mandoline begleitete. Es waren zugegen: die Gräfin Truchseß, die Landobermarschallin Gräfin Rodenburg und noch andere erlauchte Damen, die mir ihr Lob schenkten, und mein Talent für den zärtlichen sowol, wie für den seriösen Gesang priesen. Dann führte ich die Gräfin Truchseß zur Tafel und saß hier zwischen ihr und der Landobermarschallin. Mein Vetter brachte gegen Ende der Tafel, als man den gezuckerten Reis auftrug, den Trinkspruch auf den Orden aus, den ich zu erwidern die Ehre hatte. Ich ließ die Dame des Hauses leben und schloß hieran einen Trinkspruch auf sämmtliche anwesende Frauenzimmer, indem ich mich anmuthig gegen die Gräfin und gegen die Landdrostin verneigte. Ich kann wol sagen, alle Welt war von meinem Benehmen bezaubert, und als ich Abschied nahm, um in unsere Herberge heimzukehren, schloß mich mein Vetter in die Arme und versicherte mich, ich sei ein Juwel in dem Ehrenkranze der Falkenfelse.

Nun, du Juwel! rief Paul von Pogeril, der hübsche Blondkopf, der zuerst sein Abenteuer vorgetragen; was hast du nun von deinem köstlichen freien Tag gehabt? Singen und hübsche Blicke werfen, das könntest du auch hier haben. Wir haben unsere Zeit besser benutzt.

Aber da sitzt Reibnitz und hat noch kein Wort

gesprochen! rief eine Stimme, und die Blicke wandten sich auf einen jungen Ritter, der, den Arm auf den Tisch gestützt und das Haupt darauf gelehnt, schweigend vor sich hin sah und seinen Becher unberührt ließ.

Was soll ich sagen! rief der Gefragte, ich habe nichts zu erzählen.

Gebt ihm eine Zither; er kann nicht sprechen, er kann nur singen. Wie könnt ihr auch von einem Poeten fodern, daß er einfach seine Schnurren berichten soll, wie wir andern Erdensöhne. Diese höhnische Bemerkung wurde von dem kleinen Tettlingen gemacht.

Otto von Reibnitz sah mit einem ruhigen, fast kaltem Blicke zu dem Spottenden auf, ohne ein Wort zu sagen.

Eine augenblickliche Stille herrschte, da fiel der Blick eines der um die Tafel Sitzenden auf den in seinem Winkel versteckten Goswin. Sogleich ertönte der Ruf: Was ist das! Ein Novize hat unsere Gespräche mit angehört! Er hat sich in den Saal geschlichen! Auf, wollen wir ihn bestrafen, stoßt ihm den Schädel ein, zersplit-

tert ihm die Knochen; es ist ein Spion des Hör=
nerträgers.

Eine große Anzahl stürzte sogleich auf Gos=
win los, und er ward aus seinem Versteck her=
vorgezerrt. Vergeblich waren seine Entschuldigun=
gen, die sinnlos Aufgeregten hörten nicht darauf.
Schon bewaffneten sich ein Dutzend Arme mit
dem Geräthe, das ihnen gerade zufiel, als sich
der schweigsame und tiefsinnige junge Ritter mit
festem Auftreten dem Strome entgegenstellte. Halt!
rief er; der, den ihr schlagen wollt, er ist euch
ebenbürtig und wird bald den Mantel tragen wie
ihr. Kein Schlag berühre seine Schulter. Ihr
erniedrigt euch selbst, wenn ihr einen Wehrlosen
beleidigt. Die Novizen kennen noch nicht die
Sitte des Ordens, er hat gefehlt, ohne zu wissen,
daß er fehlte. Ich bitte für ihn.

Reibnitz! rief eine finstere Stimme, die einem
baumhohen pommerschen Ritter gehörte, dessen
riesige Faust zunächst über Goswin's Haupte
schwebte, Du weißt, nicht was Du verlangst.
Wenn dieser Bube an den Comthur wieder plau=
dert, was er hier gehört hat!

Ich sage Euch, er ist Edelmann, wie wir es sind! Ich stehe für ihn! rief Reibnitz, und nun genug von der Sache.

Ein Murren ging durch den dicht um Goswin geschlossenen Kreis der erhitzten Jünglinge. Der große Pommer war der Erste, der sich umwandte und wieder am Tische Platz nahm. Seinem Beispiel folgten die Andern. Bald lag die Schaar wieder in malerischer Unordnung um den Tisch herum. Einige nahmen sogar auf dem Tische selbst Platz. Die Mäntel wurden, da sie lästig fielen, alle auf einen Haufen zusammen geworfen und jetzt in ihren leichten, kurzen Wämsern bewegten sich die schlanken Gestalten singend und lärmend im Saal. Die Stimmen der einzelnen Erzähler wurden nicht mehr gehört. Alles sprach, und wer nicht sprach, sang. Dann faßten sie sich je Zwei und Zwei unter dem Arme und begannen zu tanzen. Bald bildete sich eine fliegende Runde um den Tisch und oben auf demselben stand Falkenfels und mühte sich ab, zu einer Zither eine Tanzweise in schrillenden, gellenden Tönen, um durch den Lärm gehört zu werden, abzusingen.

Als der Lärm am stärksten war, wurde die Thüre aufgerissen und jene merkwürdige Ungestalt mit den zwei Köpfen guckte hervor, und sogleich verstummte das Getöse. Die einzelnen Gruppen blieben wie bezaubert stehen und alle Blicke waren auf den Kleinen gerichtet. Was gibt es? fragten einige Stimmen.

Der Hörnerträger kommt! zischelte das Ungeheuer und verschwand wieder hinter der zuschlagenden Thüre.

Habe ich nicht gesagt, wir sind ausspionirt worden! brüllte der Pommer; aber dafür bist du uns Ersatz schuldig, Reibnitz.

Es war keine Zeit, sich in Streitigkeiten einzulassen. Alles stürzte wild durcheinander und zu dem Mantelberge hin, wo jeder schnell herausgriff, was ihm oder auch was ihm nicht gehörte. Die Weinkrüge und Becher wurden im Nu bei Seite geschafft und statt ihrer die Wasserkannen und die kleinen Teller mit Brot, Butter, Salz und Landkäse hingestellt, die bis jetzt unangerührt auf einem Büffet an der Wand gestanden hatten. Es war dies das vorschriftmäßige Vesperbrot.

Die Bänke wurden in Ordnung gebracht und jeder Ritter saß auf seiner Bank, einer neben dem andern und es herrschte eine tiefe Stille im Saal, als die hohe Thüre des Eingangs sich langsam öffnete und eine Greisgestalt, von zwei Priestern gefolgt, eintrat. Es war dies der Großcomthur, nächst dem Meister der oberste Würdenträger des Hauses. Sein Antlitz war von Silberhaar umwallt und zeigte einen ehrwürdigen Bart, der bis an den Gürtel hing. Ueber den Augenbrauen hatte er zwei knorpelartige Auswüchse, die ihm den Spottnamen: „Hörnerträger" zugezogen hatten; seine Züge waren eisenfest und eisenstarr, seine Kleidung noch der grobe, lange weiße Mantel, wie ihn die ältesten Gesetze vorschrieben; das schwarze Kreuz darauf hatte noch die alte Form. Er ging gebückt und seine Hände waren wie Krallen unbeweglich in seinen Gürtel eingehakt. Sein Blick, der von unten heraufsah, war so durchdringend und scharf, daß selten ein Auge ihn ertrug. Seine Worte waren abgestoßen, kurz und schnell. Als er hereintrat und die Priester mit ihm, standen sämmtliche Ritter auf und blieben, jeder an seinem Platze, mit unbedecktem und gesenktem Haupte stehen. Der Alte machte ein Mal die Runde um den Tisch, ohne ein Wort zu sagen, dann blieb er stehen und sagte: Habe gehört, daß hier Lärm im Saale war und daß es ungeziemend hier zuging. Ich will mal sehen, wie weit die Frechheit mir ins Angesicht getrieben wird. Wie ich sehe, hat man Zeit gehabt sich wieder in gehörigen Stand zu setzen. Doch ich werde schon finden, was ich finden will. Gottes Zorn über euch, Buben, die ihr nicht so seid, wie ihr sein sollt, und das Andenken eurer Alten schändet. Habe ich Unrecht, so bitte ich die lieben Brüder, die sich rein von Fehl wissen, um Verzeihung. Aber das Lasterleben wird immer ärger und ärger. Bruder Kaplan, nehmt mal die Cither dort weg. Es scheint, daß, als man hier aufräumte, man sie vergessen hat; aber dem alten Konrad entgeht nichts! Lieben Brüder, ich gebe euch meinen Gruß und wünsche, daß euch euer Mahl wohl bekommen möge; ihr werdet mir den Gefallen erzeigen, Alle, so viel ihr da seid, heute Nacht barfüßig und barhäuptig auf dem Schloßhofe zu kampiren. Lieben Brüder, ich denke, das wird euch wohl thun, denn ihr habt gar so hitziges Geblüt. Nun lebt wohl: Alles dieses kraft meines Amtes und im Namen des Meisters!

Die letzten Worte sprach der Alte mit hochaufgerichtetem Haupte und starker Stimme. Die Ritter verließen ohne ein Wort zu sagen und gesenkten Hauptes den Saal. Hinter jedem machte der Comthur eine Bewegung der Hand, als griffe er mit einer Kralle nach ihm. Dazu murmelte er vor sich hin: Wartet nur, ihr Lotterbuben, ich will mich in euer Fleisch einhafen, ich will mich an eure Fersen heften, ihr sollt mich nicht los werden. So lange der Hörnerträger lebt, sollt ihr keinen frohen Tag haben. Gesindel! vornehmes, böses, verdammtes Gesindel!

Als sie alle fort waren, fiel des Greises Blick auf Goswin, der aus dem Saale entfernt worden war, der aber wieder eintrat, als der Comthur erschien. Wer ist der? fragte der Alte seine Begleiter.

Die Priester wußten keine Antwort. Gos=

win faßte sich ein Herz, trat hervor und sagte: Hochwürdiger Bruder —

Knabe! so lange du keinen Mantel trägst, bin ich nicht dein Bruder, tönte die scharfe Rede. Du bist ein neu Angeworbener?

Nicht angeworben — freiwillig! antwortete Goswin.

Der Alte sah sich den Jüngling scharf an und sagte dann: folge mir.

Langsam und feierlich durchschritt der Greis die hallenden Gemächer und hohen Gänge, Goswin hinter ihm. Sie stiegen eine Treppe hinauf und traten in ein Gemach, vor welchem ein Ritter Wache hielt. Die Thüre gegenüber öffnete sich und eine gewölbte Thurmhalle wurde sichtbar mit hellen Fenstern, an deren einem ein Mann in Pelze gehüllt saß und die in Decken gewickelten Füße auf einer Bank ausgestreckt hielt. Vor ihm befand sich ein Tischchen, auf dem ein Schach= bret stand, und zwei große Wolfshunde lagen vor dem Kamine, in welchem, die bereits empfind= liche Kühlung zu vertreiben, ein Feuer brannte. Der alte Herr mit dem gutmüthigen Gesicht, das nur von Zeit zu Zeit durch den Angriff der Schmerzen leidend entstellt wurde, war einer der hohen Würdenträger des Ordens, der Bruder Treßler, ein Kampfgenosse und Jugendfreund des Großcomthurs. Beide Alten setzten sich nun an das Schachbret, nachdem der Letztere mit ein paar flüchtigen Worten Goswin genannt und ihm einen Platz in der Ecke des Gemachs, an einem der Fenster angewiesen hatte.

Was gab es unten? fragte der Treßler, indem er die Steine zu einer neuen Partie ordnete.

Wieder das alte Spiel, entgegnete jener; Unordnung und Indisciplin an allen Orten. Dieser Hachenberg muß fort; ich werde nicht eher ruhen, als bis er das Schloß räumt. Man kann ihm ja irgend eine Landcomthurei geben, gehörig entfernt von hier. So lang er die Jugend verführt, gibt es kein Gesetz. Nun ist er nach Danzig gezogen, hat an dreißig junge Bursche mitgenommen, die haben dem Teufel dort gedient, und zurückgekehrt, lassen sie ihren Patron bei vollem Becher leben. Das geht so Tag für Tag und er gewinnt an Anhang.

Wohinaus strebt er? fragte der Treßler gleichgültig.

Nach dem Meistermantel, daran ist kein Zweifel, tönte die Antwort. Er will eine neue Zeit für den entarteten Orden herbeiführen. Seine Familie besitzt große Schätze, er erkauft sich die Stimmen; die ganze Jugend des Ordens hat er ohnedies für sich. Wir werden im nächsten großen Ordenskapitel Wunderdinge erleben.

Ei was! Wir stehen für unsern Hochmeister! Laß dir kein graues Haar wachsen, alter Knabe. Nur nicht die Welt durch gar zu schwarze Brillen angesehen. Der Hachenberg ist ehrgeizig, das ist wahr, er ist tapfer, er ist schlau, er ist tollkühn, er ist ein Lebemann, er ist dieses und jenes, allein ein Schurke ist er nicht, und das wäre er, wenn er trachtete, dem Meister, der ihn gehoben und dessen Creatur er ist, den Herrscherstab zu entreißen. Und Jungingen ist auch gerade Einer, der sich so mir nichts dir nichts die Krone vom Haupte reißen läßt.

Ich sage dir, flüsterte der Großcomthur leiser, mit ihm ist seit kurzer Zeit eine merkwürdige Veränderung vorgegangen. Es ist mir, der Himmel gebe, daß ich mich irre, als wenn er an Gott und Menschen verzweifelte und als wenn er überdrüssig des Lichts, das er schaut, und der Luft, die er athmet, die Dinge gehen läßt, wie sie gehen wollen.

Man sagt, bemerkte der Treßler eben so leise: er beschäftigt sich mit den Geheimnissen der schwarzen Magie und citire Todte.

Womit er sich beschäftigt, weiß ich nicht, will es auch nicht wissen; aber daß er die Geschäfte des Ordens nicht betreibt, das weiß ich leider nicht allein, das wissen auch Andere. Wochenlang sperrt er sich ab für unser Einen und ist nur sichtbar für ein paar Ritter, seine Lieblinge, und für den weggejagten ketzerischen Pfaffen, der ihm heidnische Gottlosigkeiten vorträgt.

Und mit seinem Arzte, dem Armenier, setzte der Treßler hinzu.

Der auch eine Art Teufelsbanner ist, seufzte der Großcomthur.

Und dann, hub der kranke Herr nach einer Pause an, soll ihn eine mysteriöse Gestalt besuchen, man weiß nicht ob Mann, ob Weib, aber es soll dieses Wesen bereits ein tausendjähriges Alter haben und schon zu Christi Zeiten gelebt haben.

Leiser! sagte der Comthur mit einem Blick auf den Jüngling. Aber der Knabe kann nichts hören, er sitzt zu weit! Ja, ja — wunderliche Dinge erlebt man. Besinne dich, Werner, damals als wir ihn wählten, ging eine Weissagung um, die unter seinem Regiment des Ordens Untergang prophezeite. Auch der eigene Bruder, auf dem Todtenbette, rieth uns ab, ihn zu wählen. Aber seine stattliche, ritterliche Schönheit, seine Gewalt, die er über die Menschen ausüben kann, wenn er will, und seine Kenntnisse und sein Wissen —

Gerade in diesen Kenntnissen und in diesem Wissen liegt der Wurm verborgen, der an unserer Größe nagt, rief der Treßler. Seitdem wir der Gelehrsamkeit nachjagen, und durch hohe Studien glänzen wollen, seitdem verliert sich die alte Tugend und die alte Einfachheit. Der Ritter soll nichts wissen und nichts können als sein

Pater noster und sein Ave Maria beten und seine Gelehrsamkeit soll darin bestehen, den Heiden die Schädel zu spalten. Es ist schon gut, wenn man etwas mehr weiß, als die dummen Bauern um uns her, aber gelehrte Pfaffen aus uns zu machen ist gar nicht unsere Sache. Daher kommen die vielen Eier im Orden, die klüger sein wollen wie die Hennen. Zu unserer Zeit war es anders.

Freilich — Gott sei gelobt! — Wir haben andere Zeiten gesehen. Weißt du noch Werner, als wir unser Gelübde gemeinschaftlich ablegten?

Und als wir dann, nachdem wir Gott Treue gelobt, ergänzte der alte Herr, uns in die Arme sanken und uns Treue und Waffenbrüderschaft bis an den Tod schwuren.

Bis an den Tod!

Das Schachspiel ruhte. Beide Alte waren in ihre Stühle zurückgesunken und blickten einander an und dann in das verglimmende Abendroth, das über die weite Ebene und den Fluß herüberleuchtete in das hohe Bogenfenster.

Alte Zeiten! Wie weht ihr so wundersam über Greiseshäupter! Wie rauscht es in den Blättern des Baumes der Vergangenheit. Es erstehen, wie wundersamer Vogelsang, die Stimmen dahingegangener Freuden und Leiden. Noch einmal klingt und spielt die Jugend vorüber und die goldenen Märchen tönen so lieblich und so süß ins Ohr.

Da ruhen die alten tapfern Heldenherzen! Da schauen die müden Augen in das purpurne Licht, und über die bleichen Wangen geht die Farbe der Jugend und Liebe.

O, sie war doch schön, unsere Zeit! sprach der Comthur. Werner, Werner, sie war doch schön unsere Zeit!

Denk an Mathildis, hub der Ordenstreßler an, wie du zum letzten male sie sahst auf dem Turnier zu Worms. Die reiche Erbin war dir zugedacht, sie liebte dich — aber du zogest es vor, ein hart Gelübde abzulegen, um Gott zu dienen. Ich besorgte das Briefchen, das du ihr schriebst mit einer Feder, getaucht — in dein Herzblut!

Thorheiten, Werner, Thorheiten!

Nicht doch! Wir waren ja jung. Konrad, ich habe dich weinen sehen, als du die goldgrüne Schärpe umlegteſt, von Mathilbis Händen geſtickt.

Schweig! Aber beſinne dich, wie wir unſere erſten Wunden empfingen in der Schlacht gegen den Polenkönig. Du lagſt blutend in meinem Arm —

Ach, und du hatteſt mir nicht geſagt, daß du mich mit Aufgebot deiner letzten Kräfte ſtütteſt, daß du ſelbſt aus fünf Wunden bluteteſt!

Und weshalb ſollte ich dir das ſagen? Bin ich ein altes Weib, das plaudert? Was gingen dich meine Wunden an? Ich konnte deren haben ſoviel ich wollte.

Du hatteſt ſie erhalten, indem du mich aus dem Gefechte riſſeſt.

Wer ſagt dir das? Dafür trateſt du für mich auf bei dem großen Streit auf dem Capitel, wo wir den Kniprode, Gott gebe ihm die ewige Ruhe! wählten. Es trat der ehrloſe Mann, der Landmeiſter von Jubitten auf und bezüchtigte mich Gelder des Ordens unterſchlagen zu haben. Du warfſt, mitten in der Verſammlung der Gebieti= ger und in Gegenwart des neuen Meiſters, bei=

nen Handschuh hin und nanntest den einen Schuft, der auch nur den leisesten Schatten auf meine Ehre zu werfen wagte. Ueber diese Kühnheit warst du zwei Jahre lang aus dem Orden verbannt und von den Gnadenmitteln der Kirche ausgeschlossen.

Die zwei Jahre sind mir schnell vergangen. Ich bearbeitete eine reiche alte Wittib, daß sie ihr großes Gut dem Orden vermachte. Wir hatten es nöthig, wir kauften für das Geld Soldaten.

Ob die Wittib wol so sehr alt war? schmunzelte der Comthur.

Ein kleines keusches Erröthen glitt über die Züge des siebzigjährigen Mannes. Schweig, sagte er unwillig; ich habe nie Gott beleidigt, nicht mit dem kleinsten und schwächsten Verlangen.

Ich weiß Alter, es war auch ein Scherz. Du warst der strengste und weiseste unter uns. Ich — ich habe manche Nacht über Mathildis Bilde geweint.

Sieh Alter, und nun willst du so streng sein gegen die Jugend!

Das ist etwas Anderes. So wie sie es jetzt

treiben, das ist nicht eine keusche Minne, das ist elende Lust. Die Dirne besitzt ihr Herz nicht das Weib. Doch dies erinnert mich, daß ich nach meinen Vögeln schaue, ob sie schon auf dem Futterplatz sich versammelt haben. He, Knabe! komm' heran.

Goswin sprang auf und stellte sich vor die beiden Alten.

Aus welchem Stamme? fragte der Obertreßler.

Derer von Wedenburg! entgegnete der Jüngling.

Ich habe den Vater als Edelknappen bei mir gehabt, als ich nach Cypern reiste, sagte der Treß= ler vor sich hin. Seitdem ist er mir ganz aus dem Gesicht gekommen. Also er lebt noch.

Geh und öffne das Schiebfenster dort, befahl der Comthur, und bücke dich hinaus und sieh, ob die Ritter bereits unten im Hofe stehen.

Goswin that wie ihm geheißen, kam zurück und brachte die Nachricht, der ganze Hof sei mit dunkeln Gestalten angefüllt.

Es ist gut. Jetzt kannst du dein Gebet thun, und dich auf dem Boden dort niederlegen; ich werde dir ein paar Decken geben lassen. Du sollst bei mir bleiben und mich nicht verlassen, bis du eingekleidet bist und dein Gelübde abgelegt hast. Du könntest Dinge sehen und hören, die dir den Orden verleideten und dann trüge ich die Schuld, daß ich dich habe unter den Wölfen weilen lassen. Ist einmal die Priesterweihe über dich ausgesprochen, wird dich Gott und unsre Frau unmittelbar in ihren Schutz nehmen.

Der wachhabende Ritter wurde von dieser Anordnung in Kenntniß gesetzt. Goswin galt als des Comthurs Page. Dies machte jedoch, daß die Ritter einen heftigen Haß auf ihn warfen. Diener kamen, die den kranken Treßler in seine Gemächer leiteten, der Comthur entfernte sich in das Nebengemach, wo sein hartes Feldbette ihn aufnahm, die zwei Wolfshunde lagen zu seinen Füßen. Goswin blieb allein in der Halle vor der verlöschenden Flamme des Kamins. Es war Nacht und das ganze Ordensschloß war in Ruhe versunken, man hörte nur den Ruf der Wachen auf den Thürmen, Erkern und Basteien, und von Zeit zu Zeit ein Gemurmel von Stimmen, das von der im Schloßhof aufgestellten Strafwache heraufkönte.

Viertes Capitel.
Die feierliche Aufnahme in den Orden.

Goswin konnte nicht schlafen. Nicht die Härte seines Lagers war hieran Schuld, sondern die Fülle neuer Eindrücke und Erscheinungen, die ihm dieser Tag gebracht. Sein jugendlicher unverdorbener Sinn, die Frische und Unberührtheit seiner Unschuld hatte mit dem Eindrucke zu kämpfen, die die Tafelscene der jungen Ritter bei ihm hinterlassen. Es war eine neue Welt, die sich ihm aufgeschlossen. Sie hatte ihr Anziehendes, aber auch ihr Abschreckendes für ihn. Immer wieder kam ihm die blondlockige Gestalt des lustigen jungen Ritters in den Sinn, der die wildesten Abenteuer zu erzählen wußte. Ein sol=

ches Nachdenken ist gefährlich bei einem Jünglinge von sechzehn Jahren. Goswin empfand dies. Er warf sich hin und her auf seinem harten Lager, es waren dies die Fließen des Fußbodens, und sein Auge sah mit einem feuchten Glanz, in welchem sich Begehrlichkeit und süßes wollüstiges Träumen aussprach, in die letzten verglimmenden Kohlen. Die Jugend bleibt Jugend, sowie der Wein Wein bleibt und die Rose Rose. Noch so keusch erzogen, waren dennoch die Keime, die an diesem Tage in sein Gemüth fielen, nicht auf Felsengrund gestreut. Erst spät entschlummerte er, und jetzt auch war sein Schlaf unruhig. Es kam ihm vor als öffnete sich, wenige Schritte hinter ihm, eine Thüre, als träte Jemand ein. Halb Traum, halb Wachen sah er eine große, hohe, breitschulterige Männergestalt vor sich stehen, die ihre Blicke auf ihn richtete. Die Gestalt war fort, als er am Boden auftaumelte und sich den Schlaf aus den Augen rieb. Auch war keine Spur einer offen gebliebenen Thüre zu sehen. Alles lautlose Stille; und dennoch, jetzt wußte er es genau, war ein Fremder im Gemach gewesen. Wie er gekommen und wohin er geschwunden, wer konnte dies sagen? Er stand auf, er ging im Gemach umher, er öffnete das Schiebfenster. Der Morgen graute, der Schnee fiel in großen Flocken, die Ritter standen im Hofe.

Er warf sich wieder hin und träumte fort. Vor seinen Augen erschien der leichtfertige lustige Paul v. Pogeril, der nicht minder muntere und ausgelassene Tettlingen, der kleine Zierbengel Falkenfels und der schwermüthige Reibnitz. Auch der kolossale Pommer, Roland von Hachenberg mit Namen, den sie nur den großen Roland nannten, stand leibhaftig vor ihm, wie er den rothblonden Bart kräuselte und mit den kleinen tiefliegenden blauen Augen ihn zornig anstarrte.

Der Tag fiel schon hell durch das Fenster, als der alte Herr ihn rief. Er trat in die Kammer und fand den Greis, völlig angekleidet, vor seinem Betpult, wo er die Nacht vom Complet bis zur Prime, das heißt vom letzten Nachtgebet bis zum ersten Morgengebet in steter Andacht zugebracht. Ein junger Geistlicher, in halb ritterlicher, halb geistlicher Kleidung stand hinter ihm.

Als Goswin erschien, erhob sich mühsam der Greis und auf den Priester zeigend sagte er: Hier, Knabe, hast du einen Führer, und du Raphael zeige ihm, soviel es erlaubt ist, die Gemächer des Schlosses und erkläre ihm die Merkwürdigkeiten.

Der Geistliche schritt voran, Goswin folgte. Die Treppe niedersteigend fanden sie unten die beiden andern Neuaufzunehmenden wartend, den jungen fränkischen Edlen und den Italiener. Der kleine Zug bewegte sich nun vorwärts; die drei Jünglinge schweigend, der junge Priesterbruder erzählend. Die Pracht der Säle entfaltete sich den erstaunten Blicken, die hochgewölbten Hallen, die langen lichtvollen Gänge und der Schmuck des Getäfels der Wände und des Fußbodens. Vor allen war es die Prachthalle, des Meisters Rem=ter genannt, die das Staunen der Beschauer er= regte. Es war auch das Imponirendste von einem Bauwerke, das man sehen konnte; kein Königsschloß und keine Kaiserburg hatte einen Saal von solcher Ausdehnung und mit so ver= schwenderischem Schmuck ausgestattet. Hier in diesen Räumen that sich der fürstliche Glanz des stolzen Ordens kund. Hier wurden die großen Festlichkeiten gegeben, hier die Versammlungen gehalten und die Audienzen den fremden Gesandten ertheilt. Das ungeheure Gewölbe, das an des Himmels Sternendom erinnerte, ruhte in grandioser Kühnheit im Bau auf einem Pfeiler. Raphaël blieb hier stehen und sagte: Dieser Saal ist unsers erhabenen Ordens Bild. Sowie es nur einen Meister gibt, der das Ganze stützt und trägt, so ist hier nur eine Säule des unendlichen Gewölbes Träger und Stütze. Gott erhalte den Meister!

Er trat jetzt näher an die Wände und erklärte die Bilder, die die breiten und hohen Wandflächen bedeckten. Dieses hier, sprach er, stellt die erste Gründung des Ordens vor im Jahre 1190. Der Schauplatz ist Jerusalem. Als Zeugen der neuen Stiftung stehen hier die Erzbischöfe von Nazaret, von Tyrus und von Cäsarea, und die Bischöfe von Bethlehem und Akre. Eine große Anzahl Ritter und Herren bedecken mit ihrer Umgebung die weite Tafel. Rechts hoch zu Roß, der Herr im Sammetmantel und mit dem Pilgerhute, den eine Krone umwindet, ist der Markgraf Albrecht von Brandenburg, ihm zur Seite sieht man die edlen Herren, die Markgrafen von Meißen, den Grafen von Holland und Geldern und den Edlen von Sponheim. Es folgen die Darstellungen der spätern Residenzen des Ordens. Auf diesem Bilde, 1220, die fromme Aebtissin zu Münsterbiesen, wie sie in Gemeinschaft mit dem Grafen Arnold von Lohn die Kirche und die Güter zu Biesen stiftet. Die herrliche Venediger Stadt breitet sich auf diesem Bilde vor dem Blicke auf und wir sehen die Ordensburg zu Venedig gegründet. Denn unsere ersten Meister residirten in Welschland. Gleich daneben sieht man eine unermeßliche Schneefläche, und ein Häuflein Ritter gründet eine Stadt. Dies ist der Ursprung des Zweigordens der Schwertbrüder in Livland und die Erbauung der Stadt Riga. Süden und Norden berühren sich hier und sehen sich an als Brüder und Vertraute. Dies will auch das allegorische Bild hier zwischen den zwei Pilastern sagen, wo unsre liebe Frau ihren Sternenmantel ausbreitet, einerseits hier den Ritter im hohen einsamen Norden, anderseits den Sohn des herrlichen Südens mit ihm deckend. Auf dem großen Bilde, was jetzt unsern Blick auf sich zieht, sehen wir nun die Gründung von Marienburg, des Residenzschlosses, in dem wir uns gegenwärtig befinden. Die hohe Gestalt hier im Vorgrunde mit Kelle und Schurzfell, die aus den Händen der Jungfrau Maria den ersten Stein empfängt, ist Herrmann von Salza, der erste deutsche Ordensmeister, der die Marienburg gründete. Ihm zur Seite rechts sehen wir die heiligen Märtyrer und Blutzeugen, dann die ersten Ritter, links die Herren von Culm, von Danzig und eine große Anzahl Fürsten und Herren, unter diesen auch den Archidiaconus in Lüttich, den päpstlichen Legaten. Oben im Himmel erblicken wir die Schaaren der Seraphim, die die Rüstung und die Waffen des heiligen Georg zur Erde niedertragen, um sie zur Verfügung des Ordens zu stellen. Ganz unten im Bilde erscheint Satanas, dem neunfache Ketten um den Nacken gewunden werden. Dies will anzeigen, daß, seitdem der Orden ins Leben getreten, seine Herrschaft ein Ende erreicht hat. Die kleinen Bilder rund umher zeigen die grausigen Martern an, die hier in heidnischen Landen die Ritter erlitten. Schaut her: hier wird ein Ritter zwischen zwei Breter gelegt und sein Schädel wird durch Pressung auseinander getrieben, dort wird einer in Stücke gehauen und dort einer mit seinen eigenen Gedärmen an einen Baum gebunden. Solches Alles geschah in jenen ersten finstern Zeiten der Gründung unsers Ordens. Aber es war Herrlichkeit und Lieblichkeit bei diesem Tode, und noch heute wünscht sich der echte Knecht Mariens kein besseres Ende, als im Bekennen des allerheiligsten Glaubens so schmerzvoll und so grausig den Leib einzubüßen.

Hier legte Raphael seine schmalen zarten, fast weibischen Hände im Gebete zusammen, sank aufs Knie und betete drei Paternoster. Die Jünglinge standen hinter ihm in stummer Betrachtung des Bildes. Das nächste große Bild zeigte die siegreiche Bekehrung der Preußen und man sah ihre Häuptlinge und Fürsten die Taufe nehmen und das Kreuz küssen. Eine prachtvolle goldene Sonne erhob sich im Hintergrunde des Bildes, und der Himmel war voller Heiligen und die Jungfrau Maria selbst schwebte wie in seliger Verzückung auf purpurnen Wolken dahin. — Da ist nun das große Werk vollbracht! rief Raphael in Begeisterung, der Glaube ist gepredigt den Heiden, und das Samenkorn ist ausgestreut und ist emporgewachsen. Ewiges Lob den Vätern, die da ausharreten im Wirken. Doch auch wir, ihre Söhne und Enkel wollen ausharren.

Goswin richtete einen Blick auf den Sprechenden und sah sein bleiches Gesicht von einer Rosenglut der innerlichen Freude überstrahlt. Die eingesunkenen Augen schienen mit neuem Lebensstrahl zu leuchten.

Nach dem Remter öffnete sich der große Capitelsaal den Beschauern. Hier waren längs den Wänden die vierzig kolossalen Standbilder der Meister aufgestellt, die auf deutschem Boden geherrscht, Herrmann von Salza an ihrer Spitze. Der Sessel des Meisters stand auf einer Erhöhung, die ringsum von einer Balustrade aus

Marmor umschlossen wurde. Purpurne Decken hüllten die Stufen ein, und ein feierliches Schweigen waltete in diesem Saal, in welchem Alles Größe, Ernst und Majestät athmete.

Hier schwören die Ritter ihre Eide! rief Raphaël, und es haben diese Mauern noch nie einen falschen Schwur gehört. Hier wird der jedesmalige Meister gewählt, und es ward noch nie ein ehrloser Mann gewählt. Auch betrat noch nie der Fuß eines Feiglings diese Schwelle, obgleich manchesmal, namentlich bei der Wahl des Meisters Winrich von Kniprode fünfhundert Ritter hier versammelt waren. Oben die Galerie ist zur Aufnahme derjenigen Personen bestimmt, die da in offener Versammlung zuschauen und zuhören dürfen. Ist das Capitel ein gewöhnliches, so ist es allemal ein geheimes und der Saal ist für männiglich, der nicht dahin gehört, verschlossen.

Die Nebengemächer, wo die Ritter sich zusammenfinden, ehe das Capitel seinen Anfang nimmt, enthalten Heimlichkeiten, die ihr noch nicht sehen dürft. Ich führe euch jetzt an einigen der

Gemächer vorüber, die die Ritterbrüder, und dann an denen, die die Priesterbrüder inne haben. Nach den alten Statuten des Ordens muß die Thüre jedes Zimmers immer halb offen stehen, damit das Auge des Vorübergehenden hineinblicken und der darin Wohnenden Thun und Lassen beobachten könne; die Priester durften sogar keine Thüre, sondern nur ein Gitter haben. Dergleichen ist aber jetzt abgekommen; wahrlich nicht zum Vortheil der guten Sache.

Als der Zug in den Corridor einlenkte, kam ihm die Schaar Ritter entgegen, die unten im Hofe die Strafwache abgehalten. Sie polterten mit Flüchen und Scheltworten die Treppe hinauf und vertheilten sich in die Gemächer. Die Knechte liefen hin und her mit einzelnen Kleidungs- und Waffenstücken, man hörte Befehle erschallen, zwischendurch lautes Singen. Der junge Priester eilte, daß er aus dieser Gegend fortkam.

Die Kirche, die Goswin schon gesehen, wurde nun gezeigt, aber die Gruft der Meister und ihre Särge wurden als eine Heimlichkeit erachtet, die die noch Ungeweihten nicht erblicken durften.

Die Pracht und Größe des Ordensschlosses hatte auf Goswin einen so mächtigen Eindruck gemacht, daß er des Rühmens und Preisens nicht genug finden konnte, um auf des Großcomthurs Fragen zu antworten.

Ja, sagte der Greis mit einem bedeutungsvollen Blicke: Der Orden ist noch groß; wie lange er es bleiben wird, das weiß Gott allein.

O ewig, durch alle Zeiten! rief der junge Priester.

Es müssen Zeichen und Wunder geschehen, um ihn aus seinem tiefen Verderben zu reißen! sprach der Greis in noch ernsterem Tone. Weltlicher Leichtsinn, weltlicher Stolz, weltliche Genußgier haben sich seiner Söhne bemächtigt. Das ist wahr und unbestreitbar. Der alte Geist ist verschwunden.

Er wird auf das Gebet der Gläubigen zurückkehren! rief der Priester.

So betet! fügte der Comthur hinzu.

Tag und Nacht! seufzte Raphael.

Der Comthur trat zu beiden Jünglingen heran, legte seine Hände auf ihre Häupter und sagte mit einer von heftiger Erschütterung bewegten Stimme: So seid denn ihr Heranwachsenden der wankenden Gemeinde Stütze und Hort! Du als Knecht und Streiter und du als Priester! Rein und unbescholten seid ihr bis jetzt — bleibt es! Und nun gebt euch in meinem Beisein den Bruderkuß! Haltet zusammen wie Kinder.

Der junge Priester warf sich mit Ungestüm an Goswin's Brust, der ihn an sich drückte und küßte. Der Comthur sprach ein Gebet.

Nur wenige Tage dauerte es und die Aufnahme Goswin's und der zwei andern Jünglinge fand statt. Ihre Prüfungszeit war auf ausdrücklichen Befehl des Ordensmeisters abgekürzt worden; bei allen Dreien hatten die nöthigen Vorbereitungen schon stattgefunden, besonders bei Goswin, der schon auf der väterlichen Burg von einem Ordenspriester genau unterrichtet worden. Sechs Tage strengen Fastens und beständiger Gebete gingen voran, alsdann wurden die Novizen in den Capitelsaal geführt, wo sich die Ordensgebietiger und die Ritter versammelt hatten, die gerade gegenwärtig waren; die größte Anzahl

war jetzt, da der Ausbruch des Krieges zu er=
warten stand und zudem ein großes Ordens=
fest in Aussicht war, bei welchem fürstliche Gäste
erwartet wurden, in die verschiedenen Grenzämter
vertheilt und in Geschäften verreist. Der Groß=
meister war noch immer nicht sichtbar, seine Stelle
vertrat der Großcomthur.

In ihrer weltlichen Kleidung wurden die drei
Jünglinge in den Capitelsaal geführt, dort stell=
ten sich ihnen die drei Ritter zur Seite, die in
ihren Namen die Aufnahme foderten und ihnen
gegenüber nahmen die drei Ritter Platz, die die
üblichen Fragen stellten; die Novizen selbst hatten
nur den Eidschwur zu sprechen.

Es war ein heller, klarer Morgen, die Sonne
warf ihr Licht durch die hochgewölbten zwölf Fen=
ster, die nach Osten zeigten, und der helle Schein
ergoß sich über die vielen weißen Mäntel, die hier
gedrängt eine Masse bildeten. Posaunenklänge
erschallten und ein Hymnus wurde gesungen, der
ernst und feierlich an den Wölbungen der mäch=
tigen Halle wiedertönte. Die mächtigen Stein=
bilder an den Seiten, die weißen Gestalten in

ihren Rüstungen, mit ihren Helmbüschen und langen Gewändern, standen wie ein Geisterchor den Lebenden zur Seite.

In Goswin's Herz zog nicht der mindeste Anflug von Reue ein, daß er jetzt im Begriff stehe, die Welt hinter sich auf immer abzuschließen. So ganz erfüllt war seine junge Brust von der Herrlichkeit und dem Glanze seines neuen Berufs.

Die drei „bittenden" Ritter stellten ihr Gesuch, und foderten für ihre Schützlinge die Aufnahme in den „löblichen deutschen Ritterorden des Hospitals Unser Lieben Frauen zu Jerusalem."

Wenn ihr dies wollt, entgegneten die drei „fragenden" Ritter, so legen wir euch elf Fragestücke vor, die ihr uns zu Wohlgefallen beantworten sollt. Erstlich: Seid ihr von altem adligen, rittermäßigen Stamm, und habt ihr acht Ahnen so von Vater- wie von Mutterseite aufzuweisen? Zum Andern: Habt ihr an euerm Leibe keine Mängel und leidet ihr nicht an heimlichem Siechthum? Drittens: Dient ihr auch keinem andern Herrn, sowol geistlichem und weltlichem, und habt ihr euch Niemand mit Wort und That verbunden? Viertens: Hat euch Niemand gezwungen einzutreten und kommt ihr freiwillig, wie es freien Männern geziemt? Fünftens: Habt ihr das gehörige Alter? Sechstens: Seid ihr nicht mit Schulden und Bürgschaften behaftet? Siebentens: Habt ihr hundert Goldgülden im Besitz, daß dafür der Orden ein Pferd und eine vollständige Rüstung für euch kaufe? Achtens: Habt ihr Todtschlag verübt und steht ihr in gefährlicher Feindschaft, die ihr auszufechten gedenkt, dem Orden zum Schaden? Neuntens: Wollt ihr euch den Ordensgesetzen fügen; und wollt ihr zehntens Zeit euers Lebens bei uns bleiben und nur in höchst dringenden Fällen, und auf Consens des Meisters und des Papstes auszutreten verlangen? Elftens: Ist es euer Ernst die Geheimnisse des Ordens zu wahren und seine Kriege zu führen, wohin er auch euch schicken möge?

Als auf diese Fragen die gehörige Antwort von den drei bittenden Rittern erstattet worden war, so lautete nunmehr die Entscheidung: Die

Brüder haben eure Bitte erhöret, doch verspricht euch der Orden nichts anderes, als Wasser und Brot und demüthige Kleider.

Hierauf wurden die Documente vorgelegt, namentlich die mit ihren Siegeln versehenen Briefe der betreffenden Landcomthuren, die Zeugniß für die Aufzunehmenden ablegten und die Geldsummen wurden deponirt. Die letzteren nahm der Ordens-Treßler und Trapier in Empfang. Alsdann fand die feierliche Einzeichnung in das Ordensprotokoll statt und die Unterschriften von zwölf Rittern wurden gefodert.

Als diese Erfodernisse abgethan waren, gelangten die Aufzunehmenden zum Schwur. Sie mußten sich auf das Knie niederlassen und folgende Worte sprechen: Ich gelobe Keuschheit meines Leibes, und ohne Eigenthum zu sein, und Gehorsam Gott und Marien, so auch dem Meister des Ordens der Teutschen und euern Nachkommen nach der Regel und Gewohnheit des Ordens des teutschen Hauses, dem ich gehorsam sein will bis in den Tod, so wahr mir Gott helfe und sein heiliges Evangelium.

Nach diesem Schwure verließen die Ritter den Saal und begaben sich in die Kirche, wo sie sich nach ihrer Rangordnung aufstellten. In der Sacristei wurde den neuen Brüdern eine vollständige Rüstung angelegt, und sie in dieser vor den Altar geführt. Schild, Sporen und Ordensmantel wurden ihnen vorgetragen, das schwarze Kreuz, mit einer Goldeinfassung, welches am Halse an einem Bande getragen wurde, lag auf einem Kissen zur Seite des Altars.

Der Priester begann die Einweihungsgebete. Das Schwert wird geweiht und ein Ritter umgürtet damit den neuen Bruder, und spricht dabei den Vers aus den Psalmen: Eructavit cor meum verbum bonum: dico ego opera mea Regi. Der ganze Chor fällt ein mit: Salvum fac servum tuum Domine! Deus meus, sperantem in te. Jetzt erhebt der Priester den Weihbüschel und besprengt den neuen Ritter mit Weihwasser. Die ganze Kirche erschallt von den mächtigen Klängen des Hymnus: Veni Creator Spiritus — Mentes tuorum visita!

Goswin's Herz wollte brechen vor gewaltiger innerer Erschütterung, als diese gewaltigen Worte über sein gesenktes Haupt hinzogen. Es schien ihm eine Stimme vom Himmel unmittelbar in die irdische dunkle Welt niederzuklingen. Wie ein Oeffnen der Paradiesespforten, so kam ihm diese Stunde vor, deren Gedächtniß unvergänglich in ihm weiter leben sollte. Als er aufblickte, sah er das ernste Antlitz des Großcomthurs, dessen Blick fest auf ihn gerichtet war. Der Greis bemächtigte sich des Schwertes des Jünglings, erhob es dreimal über ihn, und ließ es dreimal auf seine Schulter niederfallen mit den Worten: In Gottes, St. Marien und St. Georgen Ehr, vertrag, dieses und keines mehr!

Ein Ritter kommt heran und schnallt die Sporen dem Neuaufgenommenen an. Der Priester segnet den Mantel ein, und ein zweiter Ritter legt ihn dem Bruder um. Der neue Ritter wirft sich vor dem Altar nieder, indem sein auf dem Boden liegender Körper die Form des Kreuzes darstellt, und nun singt der Chor die Litanei: Kyrie Eleison — Christe Eleison, Kyrie Eleison — Christe audi nos! — Pater de coelis

Deus — miserere nobis! Sancta Maria, sancta Dei Genitrix, ora pro nobis!

Nach dem Schlusse des Gesanges, der über eine Stunde dauert, wird das Kreuz dem Ritter umgehängt.

Wenn die Ceremonie beendet ist, bilden die Gebietiger einen Kreis, der älteste Ritter tritt hervor und spricht zu den Neuaufgenommenen: Lieben Ordensbrüder, ihr seid nunmehr vollkommen empfangen und aufgenommen in unsere ritterliche Brüdergesellschaft des löblichen teutschen Ritterordens und des Hospitals unserer lieben Frauen zu Jerusalem. Ich erkläre euch die Zeichen, die ihr nunmehr an euch traget. Euer Mantel weiß, rein und unbefleckt, zeigt an, daß euer Gewissen rein sein soll und weiß leuchtend, wie euer Kleid. Das schwarze Kreuz soll euch unsers Erlösers bitteres Leid täglich und stündlich vor Augen halten, darum wird es euch an den Hals gehängt und auf den Mantel geheftet. Die schwarze Schnur, an der das Kreuz hängt, zeigt euch an, wie ihr jetzt eurer Freiheit auf ewig verlustig gegangen und ein Sklave Gottes und des Ordens geworden. Der Panzer auf euerm Leibe zeigt an, daß ihr Streiter seid, geharnischt ausziehen sollt, das Wort Gottes unter die Heiden zu tragen. Das Schwert, das man euch gegeben, soll euch die Waffe bedeuten, die ihr führen sollt, um Witwen und Waisen zu schützen, und das Reich Gottes mit scharfem Worte in die Welt zu führen, Christi und des Ordens Feinde vor euch nieder in den Staub zu werfen. So hat Christus seiner Mutter den heiligen Johannes beigegeben, daß er für sie streite. Der Griff des Schwertes bildet ein Kreuz, dies soll euch sagen, daß wenn ihr im Tode liegt, ihr nur das Schwert umzukehren braucht, um euern Heiland vor euch zu sehen. Die Sporen, die man euch angelegt, bedeuten, daß, sowie ein Roß gestachelt wird, daß es eifrig vorwärts treibe, so der Streiter Christi vom innern Drange stets muß angefeuert werden, nie im Streite für die Kirche und den Orden zu erlahmen. Die drei Schläge mit dem Schwerte, die ihr empfangen, geben euch kund, daß ihr, da man einem Edlen keine größere Schmach anthun kann, als wenn man ihn schlägt, die letzte irdische Schmach hingenommen habt, fürder aber keine mehr ertragen sollt; denn Gottes Streiter demüthigen sich nur vor Gott, nie vor Menschen, auch vor den höchstgestellten nicht. Und nun gehet mit Gott und tretet ein in unserer lieben Frauen Schutz, den wir Alle theilhaftig sind, jetzt und in aller Ewigkeit. Amen.

Hiermit war die Aufnahme vollendet; es fehlte nur noch der Kuß, den der neue Ritter vom Ordensmeister empfangen sollte, und den der Großcomthur in dessen Statt ertheilte. Die drei Ritterproben, wie sie vor Alters gebräuchlich, und die darin bestanden, den Muth und die Unerschrockenheit des Ankömmlings zu prüfen und von denen Eberhard erzählt hatte, fielen weg, als zu abergläubisch und für die jetzigen Zeiten nicht mehr passend.

Fünftes Capitel.
Das Narrencapitel.

Der neue Ritter befand sich jetzt mit fünf andern Rittern in einer Zelle eingeschlossen. Drei ältere Brüder waren den drei neuen beigegeben. Zu diesen ältern gehörte Paul von Pogeril und Otto von Reibnitz. Paul war die Seele der kleinen Genossenschaft, er machte fortwährend Späße, war stets guter Laune und neckte sich mit aller Welt herum. Der Großcomthur, bisher Goswin's Beschützer, erschien nur einmal in dem Zimmer, sah sich die Einrichtung desselben an und empfahl den ältern Brüdern die Sorgfalt für die jüngern. Dann küßte er Goswin nochmals auf die Stirn und sagte ihm, er würde nun bald die

Ehre haben vor den Großmeister geführt zu werden, er solle sich dieser Ehre würdig machen durch gutes, ehrenhaftes Betragen. Goswin versprach es und küßte dem Greise die Hand.

Es wurde jetzt das sogenannte „Narrencapitel" abgehalten, eine Parodie auf die eben vollbrachte ernste Handlung. Das Recht, Narrencapitel zu halten, war uralt, und schon bei der Gründung des Ordens gebräuchlich. Die neu aufgenommenen Ritter wurden bei dieser grotesken Ceremonie, wo alles nachgeäfft wurde, was bei der Aufnahme Gesetz war, von der ganzen Ritterschaar gehänselt, und mußten den Scherz und Spott geduldig hinnehmen, wenn sie klug waren, sogar gute Miene zum bösen Spiel machen, das heißt in den Chor der Lacher mit einstimmen. Vor Zeiten waren auch grausame Scherze und gefahrbringende Neckereien angebracht, diese jedoch waren dem mildern Geiste der Zeiten gewichen. Es blieb aber genug übrig, was an das brutale und gemein Pöbelhafte grenzte.

Die Versammlung bestand aus fast allen ältern Rittern, selbst die Ordensgebietiger schlossen sich nicht aus, obgleich sie nur schwer kenntlich waren in der Verhüllung, die sie an diesem Tage anlegten. Die Wildheit und Ausgelassenheit der Scherze ging oft weit, wurde aber nicht gerügt, denn es war eben der Narrentag; mit dem Glockenschlage zwölf mußte jeder Spuk, jede Larve, jeder freie Scherz verschwinden.

Zu dem Beginne des Narrencapitels gehörten die Prüfungen und Proben. Da es vor Alters gebräuchlich war, daß die Neuaufzunehmenden sich entkleiden mußten, um darzuthun, daß keine Krankheit und kein Fehl ihren Körper verunstaltete, so war bei dieser Possenkomödie diese Probe beibehalten, aber in das Komische gewendet. Der junge Ritter mußte nackt erscheinen, und drei komische Masken, die Göttinnen Venus, Minerva und Juno, von grottesk verkleideten Rittern dargestellt, kamen, um ihn zu besichtigen. Man kann sich denken, welche dreiste Scherze bei dieser Gelegenheit vorfielen, die aber keinen plauderhaften Mund fanden, um sie den Laien außerhalb des Ordenshauses wieder zu erzählen, denn dieses Narrencapitel wurde ebenso geheim gehalten, wie das wirkliche Capitel, und dessen Ausspruch. Nachdem die Göttinnen den jungen Mann besichtigt, ertheilt Venus ihm den Preisapfel. Um des Neuaufzunehmenden Keuschheit zu prüfen, erscheint die berüchtigte babilonische Unzüchtige mit einem grotteösken und abenteuerlichen Gefolge von Zwergen und Ungeheuern. Ihre Reize werden verschmäht und der Ritter besteht auch diese Probe. Der junge oder ältere Mann, der die babilonische Verführerin macht, hat sich mit all dem Putz beladen, der gerade Mode ist, und es ist ein unerschöpflicher Spaß für alle jungen Brüder ihm immer neue Reize, nach ihrer Meinung anzuheften. Zuletzt, um auch seinen Muth zu prüfen, kommen Gespenster und Larven und Teufelsfratzen in großer Anzahl und erheben ein entsetzenvolles Geheul und Geschrei.

Nachdem die Proben bestanden sind, tritt das Capitel zusammen. Wie dort, so sind auch hier drei Ritter, die da bitten und drei Ritter, die da fragen. Alle Ritter im Capitel haben ihre Mäntel verkehrt umgelegt, und statt der Kopfbekleidungen tragen sie hohe spitze Hüte aus Pappe mit Goldflittern beklebt. Statt der Schwerter haben die Ritter kolossale Kochlöffel und Bratspieße an den Hüften.

Die Bittenden legen dieselben Fragen vor wie oben, nämlich sie bitten um Aufnahme für ihre Clienten. Die Fragenden entgegnen darauf: Ei, sagt uns, wer sind die drei Hasenfüße, die du uns da bringst? Sind sie auch von ritterlichem Stamme? Gewiß, tönt die Antwort: Der Vater dieses Herrn war Besenbinder und die Mutter war Lumpensammlerin, der Großvater war Stallknecht und die Mutter war Besenbinderin, der Urgroßvater war Zigeuner und die Mutter Landstreicherin. Es ist gut! rufen die Fragenden, wir sehen, daß dein Mann vom besten Adel ist: aber ist er auch gesund am Leibe. Antwort: Es fehlt ihm nichts, als daß er einen Buckel vorn und hinten hat, auch zwei Kröpfe und ein lahmes Bein, und dazu eine Plundernase und Triefaugen. Gut, wir sehen, daß er untadelhaft ist; wie ist es aber mit seinen Verpflichtungen und Verbindlichkeiten, hat er solche? Keine andern, als daß er für die letzten paar Hosen dem Schneider noch den Flicklohn schuldig ist, auch daß er Frau Katharinen im blauen Engel für den Gebrauch von sechs gefälligen Fräuleins die Güte noch nicht bezahlt hat. Sonst gehört er noch in den Orden der Schmauser und Zecher und gehört der Brüderschaft der Geldverthuer und Tagediebe an. Gut, wir sehen, daß er in keiner gefährlichen Verbindung steht; aber hat er auch die Einwilligung seiner Aeltern? Gewiß, der Vater hat ihm gesagt, er solle gehen und auf einem Misthaufen sterben, gleichviel auf welchem, und die Mutter hat gesagt: Wenn ich dich könnte in den Brunnen werfen, wäre es mir lieber, aber da ich das nicht kann, so gehe meinethalben in den Orden. Kann er hundert Ducaten zahlen? Nicht hundert Schillinge; aber er hat einen alten Geisbock mitgebracht, den er reiten will. — Gut! der Orden begehrt kein bessers Roß, so der Reiter, so das Thier! Aber hat er Todtschlag verübt? Etliche Flöhe hat er vom Leben zum Tode geführt, aber es thut ihm bitterlich leid, er hätte sie gern als Leibtrabanten mit in den Orden gebracht! — Will er die Gesetze des Ordens halten?

O gewiß, alle Gesetze, ausgenommen die, die er nicht halten will. — Gut, weiter verlangen wir auch nichts; nur ein Narr hält was Narren ihm gebieten. Will er Zeitlebens im Orden bleiben? — Nein, nur so lange, als es darin etwas zu fressen und zu saufen gibt. — Gut, wir sind auch damit zufrieden; zum Letzten, will er uns helfen das heilige Land wieder zu erobern? — Das heilige Land ist ein Bischen gar so weit entfernt; sonst thäte er es mit dem größten Vergnügen. Er schlägt dagegen vor, das unheilige Land zu erobern, das heißt die Schenken und lustigen Wirthschaften zwanzig Meilen in der Runde; da will er mit dabei sein. — Das ist dem Orden auch ganz recht! — Somit wollen wir dich denn aufnehmen.

Der Aufzunehmende kniete nun nieder und empfing den umgekehrten Mantel, die hohe Narrenmütze, und den Kochlöffel als Schwert, und der Narrencapitelmeister sagte: Der Mantel bedeutet, daß, sowie Adam, unser erste Bruder und Ritter, im Paradiese sich seiner Nacktheit schämte und ein Blättlein vom Baume brach und sich

damit zudeckte, so soll der Ritter mit diesem Blätt=
lein sich ebenfalls sittsam bedecken. Das Schwert,
das wir ihm geben, soll anzeigen, daß er es stets
gegen die grimmigsten Feinde der Menschheit, ge=
gen das Bauchgrimmen und den Hunger gebrau=
chen soll und die stattliche Mütze zeigt an, daß
er allezeit König und Kaiser sein kann, wenn er
nur will. Denn der Orden ist herrlicher als Alles,
was auf Erden erschaffen.

Nach der Einkleidung mußte er sich platt auf
die Erde legen, und jeder einzelne Ritter sprang
über ihn weg. Vor Alters mußte der Neuauf=
genommene jedem Ritter, der sich vor ihm ent=
kleidete, die niederste Stelle des Rückens küssen.
Dieser Gebrauch war sonst sogar im feierlichen
Capitel beobachtet worden, und stammte von den
alten Gnostikern und den uralten Tempelgesetzen,
die die Johanniter und Malteser angenommen
hatten. Der deutsche Orden hatte jedoch früh=
zeitig diesen Gebrauch, der ihm heidnisch und selt=
sam vorkam, abgeschafft. In den geheimen
Ordensstatuten, war er jedoch noch immer als
Gesetz angegeben. Ebenso das Küssen des

Teufelskopfes, wovon weiter gesprochen werden soll.

Die burleske Ceremonie war noch nicht beendet. Jetzt wurden dem neuen Ritter auch die Statuten des Ordens vorgelesen.

Zuerst die drei Gelübde der Armuth, der Keuschheit und des Gehorsams.

Du sollst arm sein, das heißt du sollst nicht mehr begehren als zwölf Tonnen Goldes zu deiner täglichen Nothdurft. Damit kann ein Mann reichen, der sich gewöhnt hat, mäßig zu sein. Keusch sollst du sein, das heißt, wenn du auf eine wüste Insel kommst, wo du keine Mittel hast, deine Lüste zu befriedigen; und Gehorsam leistest du nur da, wo du nicht anders kannst.

Es steht im Gesetz, daß wenn du dich von deinem Lager erhebst, das nebenbei gesagt, du dir mit Decken und Polster recht bequem machen mußt, damit kein Knöchelchen an deinem Leibe dir weh thue, so soll ein Ritterbruder folgende Gebete während des ganzen Tages und eines Theiles der Nacht vortragen: Zur Matutin und Laudes ein Glauben und neun Paternoster und nenn Ave Maria, zur Prim fünf Paternoster, fünf Ave Maria, zur Terz fünf Paternoster und fünf Ave Maria, zur Sert ebensoviel, zur Non gleichfalls und zur Vesper sieben Paternoster und sieben Ave Maria, endlich zum Complet fünf Paternoster, fünf Ave Maria und ein Credo, für die Gestorbenen zwölf Paternoster und zwölf Ave Maria. Dies ist das Gesetz, wir aber, Brüder im Narrencapitel, befehlen, daß jeder Ritter zwölf mal am Tage vor sich hin spricht: Paternoster gib mir zu Essen und Ave Maria gib mir zu trinken. Das ist feine und säuberliche Zucht und Ritterpflicht. Die Fasten sollt ihr so halten, daß ihr an jedem Fasttage ein Gericht mehr esset, wie gewöhnlich, das ist dem Himmel angenehm.

Den Schluß des Tages des Narrencapitels bildete ein großes Gelage und hier durfte keiner der strengen Ordensgebietiger drein reden. Es war erlaubt, daß hier der Ritter, der das ganze Jahr über enthaltsam lebte und kärglich genoß, ein Uebriges that an Trunk wie an Speise. Die drei Neuaufgenommenen mußten bei der Tafel aufwarten. Ein Schalksnarr saß oben an der Tafel, der den Hochmeister vorstellte, neben ihm die Gebietiger. Oft kamen fremde Gaukler von fern her, um an einem solchen Tage ihre Rollen zu spielen. Musik, Tanz, Spiel belebte die alte Ordensburg. Frauen einzuführen war nicht erlaubt, selbst an diesem Tage nicht, allein man fand Mittel die verbotene Waare einzuschmuggeln, unter Verkappung und Vermummung. Der Ordensmantel deckte hier manchmal runde Schultern und einen runden Busen. Mit dem Glockenschlage Mitternacht mußten jedoch, wie gesagt, diese hübschen wie die häßlichen Gespenster verschwinden, und die Matutin sah wieder eine Schaar ernster Kopfhänger und frommer Beter zur Kirche wandeln.

Das Narrencapitel war längst beendet und das Leben auf der Ordensburg hatte seinen gewohnten Gang angenommen. Die jungen Ritter mußten sich bequemen, streng ihren Pflichten nachzuleben, der alte Hörnerträger war in seiner bösesten und schlimmsten Laune; er wußte um Alles, erfuhr Alles und war überall. Man sah ihn an den Zellen vorbeigehen und die Thüren mußten halb offen stehen. In seiner Begleitung gingen regelmäßig zwei Priester und zwei Brüder. Wenn der Alte nicht selbst kam, so erschien Raphael, der so leise kam und verschwand wie ein Schatten. Die Brüder murrten, aber sie konnten nichts thun. Hinter dem Rücken des Alten kamen sie zusammen, erzählten sich einander Märchen und lustige Geschichten, tranken heimlich Wein und verschlossen ihre Thüren. Man freute sich auf den Elisabethentag; alsdann fiel die Speisung der Armen vor und an diesem Tage mußte der Großmeister wieder zum Vorschein kommen. Zugleich erwarteten die jungen Brüder die Zurückkunft des Hauscomthurs, der unterdessen weggeschickt worden war, ihren Beschützer und Freund, der zu ihnen hielt und gegen den alten Comthur und den Ordenstreßler, sowie überhaupt gegen die Gebietiger, die die alte Strenge wieder einführen wollten, mit ihnen conspirirte.

Goswin suchte sich in seinem Zimmer bestens einzuwohnen. Er hatte sein Lager für sich, es bestand aus Bretern, über die ein Strohbündel täglich neu aufgeschüttet und eine wollene

Decke hingebreitet wurde. Dies war das Lager, wie das Gesetz es vorschrieb; seine Kameraden waren auch hiervon abgewichen und wälzten sich auf ziemlich bequemen Pfühlen. Ueber jedem Bette hing ein Cruzifir und eine kleine Schale mit Weihwasser. Vor dem Bette befand sich ein Betschemel, auf dem der Ritter niederkniete und sein Gebet sprach vor dem Zubettegehen. Ein Licht brannte die ganze Nacht hindurch, und die Thüre durfte nicht in Riegel gelegt werden. Jeder, der da wollte, mußte hereintreten können. An Goswin's Lager zunächst stieß das Otto von Steinach's, des fränkischen jungen Ritters, dann kam Guido's Bette. Diesen drei Betten gegenüber befanden sich die der drei ältern Brüder, Reibnitzen's, Pogeril's und Kunz von Lichtenstein's. Ueber jedem Lager waren die Waffen und die Hauskleider aufgehängt, denn ein Gesetz bestimmte, daß der Ritterbruder stets auf Kampf gerüstet, alles bei der Hand haben müsse, um sich rasch zu kleiden und zu wappnen. Die schwarzen Helmbüsche über den blanken Schildern nickten in der Dämmerung der Nachtbeleuchtung seltsam von oben herab, als wären es uralte Ritter, die aus dem Grabe wieder heimkehrten und jetzt auf ihre Nachkommen niedersahen. An der Decke, von der die Ampel niederhing, war, mit eisernen Stangen schwebend erhalten, der englische Gruß angebracht. Von der Zeit geschwärzt, sahen die großen hölzernen Figuren wie unheimliche kolossale Fledermäuse aus, die an den dunkeln Wölbungen der Decke umherkreisten. Der zahme Rabe, den sich Otto hielt, hatte sich die Schulter der heiligen Jungfrau ausersehen, um auf ihr sein Nachtquartier zu halten. Eine kleine Harfe, auf der Guido sehr kunstvoll zu spielen verstand, lehnte am Fenster und gab durch die Stille der Nacht leise Geisteraccorde an, von dem Zugwinde berührt, der durch das hohe, übel verwahrte eine Fenster der Kammer hinstrich. Mehre solche Nächte vollbrachte Goswin schlaflos; das Neue der Umgebung und manche Gedanken, die in ihm aufstiegen, manche Bilder der Erinnerung der zunächst verlebten Tage, hielten ihn wach, und dann fürchtete er auch die Stunden zu versäumen, wo die vorgeschriebenen Gebete gesprochen, oder wo in die Kirche gezogen werden mußte. Er fand, wenn er auf den Gang heraustrat, stets Raphael wartend, der ihn stumm bis zur Kirche begleitete, und wieder mit ihm zurückkehrte. Der junge Mönch schien nur vom Gebet zu leben, man sah ihn nie schlafen, nie essen, nie trinken. Während die Andern schliefen, betete er, während sie Nahrung zu sich nahmen, betete er. Die bleiche, magere Gestalt mit dem völlig fleischlosen Schädel war auch mehr einem Schatten, als einem lebenden Geschöpfe ähnlich.

Der Schutz, den der alte Comthur ihm anfangs hatte angedeihen lassen, war noch von böser Nachwirkung. Die jüngern Brüder hielten Goswin für einen Spion, die ältern bewachten sich in seiner Gegenwart, und beobachteten ihn mit Mistrauen. Goswin's offner und freier Natur war dies im höchsten Grade zuwider, und er that sein Möglichstes, diesen ihn empörenden Argwohn zu zerstreuen. Es gelang ihm aber nicht und dies machte ihn betrübt und kummervoll. Er saß ganze Tage für sich allein in der leeren Zelle, wenn die Brüder ausgezogen waren;

am liebsten, wenn ihm ein Ritt ins Freie erlaubt wurde, tummelte er sein Roß auf den einsamsten Wegen, dem Sturm und dem Schneegestöber entgegen, oder er suchte den alten Eberhard auf, in dessen Brust er seinen Kummer ausschüttete, der ihm Hoffnung und Muth zusprach, und ihn alles von der Zeit erwarten hieß.

In dem Stübchen des Schließers traf er eines Abends wieder mit dem unheimlichen kleinen Kobold, dem Zwerge mit den zwei Köpfen zusammen. Jetzt erschien er ihm lange nicht so entsetzenerregend, er fand sogar, daß der eine lebende Kopf etwas Sanftes und Ansprechendes in den Zügen hatte, desto widriger wirkte jedoch das todte Haupt mit seiner grünlichen Leichenfarbe und seiner pergamentartig getrockneten Haut.

Der Unglückliche schien eine Art Wohlwollen für unsern Jüngling zu empfinden; er fand sich regelmäßig zu der Zeit ein, wo er wußte, daß Jener in der Kammer des alten Schließers erscheinen würde. Dort nahm er einen hohen Ecksitz am Fenster ein und schaute von hier, wie von einem Thronsessel herab, auf die Bewohner des

Stübchens. Oefters kam er und trug die Meerkatze auf den Armen, die er hätschelte und liebkoste. Eine Zusammenstellung von zwei häßlichen Geschöpfen ganz besonderer Art.

Sechstes Capitel.

Die Ritter erzählen sich unter einander Geschichten.

Während der Comthur, der Freund der jungen Ritter, noch auf sich warten ließ, und im Ordensschlosse selbst eine Pause der Ruhe und Erholung eingetreten war, der Meister noch immer in seinen Gemächern sich verschloß und die alten Herren, wie die Ordensgebietiger genannt wurden, zusammenhielten und die Winterabende beim Schachspiel verschwatzten, die gelehrten Priesterbrüder ihre Legenden lasen oder einsam in ihren Zellen studirten, setzten sich in ihren Zellen die jungen und älteren Ritter zusammen und erzählten sich bei der Flamme des Ofens die Abenteuer, die sie entweder selbst erlebt, oder von Andern hatten erzählen hören, oder sie brachten die Geschichte ihrer Jugend vor und die Beweggründe, die sie vermocht, in den Orden zu treten. Es war nicht erlaubt, ein Ofenfeuer bis über die Vesper hinaus in den Zimmern zu erhalten; die Nacht über herrschte, um die Teufel der Weichlichkeit zu vertreiben, strenge Kälte der Jahreszeit; aber man setzte sich über dieses Verbot hinweg, so wie über so viele andere. Wenn der eisige Nord an die Fenster die tüchtigen Schneemassen warf, wenn der schrillende Ton der eisernen Dachfähnchen durch die Stille und den Frost der Winternacht tönte, wenn in den langen einsamen Gängen der Wind in hohlen Tönen pfiff und man das Knarren der Schritte der Wache auf der äußern Bastei, dicht an den Fenstern vorbei, vernahm, dann saß es sich so bequem im warmen Hausrock in den Zellen an der wirthlichen Flamme, und der Trank, den man sich heimlich verschafft, mundete vertrefflich.

Die Zelle, in der unsere sechs wohlbekannten Jünglinge sich befanden, war besonders zu dergleichen Zusammenkünften gut gelegen; sie befand sich in der Mitte des Ganges, an dessen beiden Ausgängen man leichtlich Wachen ausstellen konnte, die von der Annäherung irgend eines unwillkommenen Wanderers frühzeitig in Kenntniß setzen konnten, damit kein unverhoffter Ueberfall sich ereignete, wie damals beim Gelage. Es fanden sich zu den sechs Bewohnern der Zelle immer noch ein paar Gäste aus der Nachbarschaft ein, und an dem Abende, von dem wir jetzt sprechen wollen, war so ziemlich der ganze Raum angefüllt mit jugendlichen Gestalten, die, von der Flamme beleuchtet, auf Bänken, umgestürzten Waffenstücken, auf Betten und auf dem Boden saßen und lagen. Die Finsterniß, die in der Tiefe des Zimmers verbreitet war, ließ nur schwer die Umrisse noch einiger Theilnehmer erkennen, die so weit zurück nur hatten Platz finden können, und auf dem Tische und in der Fensterbrüstung hockend, nichts desto weniger sehr aufmerksame Zuhörer abgaben. Nur hier und da blitzte ein Auge auf in der Dunkelheit, oder gegen die in mattem, röthlichen Schimmer leuchtende Wand erhob sich ein Haupt oder ein Arm. Wenn die Erzählung es verstand, den Zuhörerkreis in eine gewaltige Spannung zu versetzen, so bildete die ganze Versammlung nur einen unbeweglichen schwarzen Knäul, der wie eine Anzahl seltsamer Puppen, die in einer Plunderkammer wüst durcheinander liegen, aussah. Die Erzählungen hatten anfangs einen heiteren Charakter, gingen aber bald in das Schauerliche und Grausige über. Jeder der ältern Brüder erzählte kurz, wie er dazu bewogen, in den Orden zu treten; der unermüdliche Spaßmacher und Geschichtchenerzähler Paul von Pogeril machte den Anfang. Wenn ich euch sage, hub er an, daß mich so recht eigentlich die Langeweile im väterlichen Hause hierher gebracht, so werdet ihr mir kaum glauben, und doch ist dem so. Obgleich ich ein junger Bursche war und damals in der Welt lebte, die mir ihre Freuden bot so viel ich deren wollte, so war mir dies doch nicht recht. Meine Natur ist so geartet, daß nur das Verbotene für mich Reiz hat. Wenn die kostbarsten Früchte vor mir lagen, so ließ ich sie sicherlich stehen und stahl mir Holzbirnen mit Gefahr aus des Nachbars Garten. Ich hatte Pferde, sehr schöne edle

Rosse, aber ich ritt einen abscheulichen, kleinen, bissigen und ungezogenen Miethgaul, lediglich nur, weil ich von der Bestie abgeworfen wurde, was mir bei meinen gutgeschulten Pferden nicht geschah; und dann endlich, während ich eine Anzahl bildhübscher, junger Dirnen hatte, mit denen ich buhlen konnte, denn Niemand bewachte mich und Niemand wehrte mir, so schloß ich unsere einäugige Köchin an das Herz und stieg Nachts zu ihr in das Fenster, lediglich nur, weil mir dieser Liebeshandel Schwierigkeiten bot, denn ich mußte gewärtig sein, wenn mich der eifersüchtige Eheherr dieser Küchenprinzessin erfaßte, Arme und Beine zusammengeschlagen zu erhalten. So trieb ich es schon als Bube von vierzehn Jahren. Da hörte ich von dem Orden und daß Alles hier verboten sei, was anderswo erlaubt; alsobald lag ich meinen Vormund an, mich hierher zu schaffen. Wie ihr wißt, kam ich mit achtzehn Jahren zu euch, und jetzt bin ich zwanzig und habe es nicht bereut. Die Weiber haben von neuem Reiz für mich bekommen, das gute Essen und Trinken nicht minder, da ich es hier nicht haben kann, und ein

Abenteuer, das mir gelingt, so wie jenes in Danzig, von dem ich euch erzählt, macht mir so unendlichen Spaß, daß ich in der Erinnerung Monate lang davon zehre. Alsdann denke ich, wie ich mich von neuem in Gefahr begebe, und dieses Nachsinnen und diese angenehme und unterhaltende Träumerei macht das Glück meines Lebens aus. Ich weiß, ich setze meine Sicherheit, vielleicht auch mein Leben auf das Spiel, ich weiß, wenn die Sache einmal ernst genommen wird, welche harte Strafen mir bevorstehen, allein das ist gerade der Reiz, den ich nun einmal für mein Leben haben will, und ohne den ich nicht existiren mag. Uebrigens wißt ihr, lieben Brüder, ganz gut, daß da, wo es ernstlich gilt, ich meinen Mann stelle, nur die Langeweile kann ich nicht ertragen, und die Langeweile haftet bei mir an all den Dingen und Sachen, die erlaubt sind. Man sagt, ich habe diese Eigenschaft von meinem Ohm geerbt, der sich viel in der Welt herumtrieb, und immer nur die unerlaubten Vergnügungen suchte. Freilich trieb er es etwas weit damit, und da er einmal auf den Einfall gerieth, sich einen kleinen Harem anzulegen, in welchem die jüngste Favorite noch nicht das Alter von vier Jahren überschritten hatte, so kam die Inquisition dazwischen und verbot ihm diese Kindereien. Er mußte sechs Jahre in Madrid, wohin der alte heitere Mann sich aus Deutschland, wo man ihm ähnliche Hindernisse in den Weg gelegt, geflüchtet, im Kerker schmachten. Und bis in den Kerker, das will ich euch nur sagen, will ich es auch noch zu treiben suchen, es komme nun wie es wolle.

Es wird dir bald genug werden! sagte Einer der Zuhörer, sei darum nicht bange.

Wie kann man nur die Weiber in so frühen Jahren aufsuchen! Ich will euch meine Geschichte erzählen, wo ihr hören werdet, daß eine Frau in sehr reifen Jahren eine Hauptrolle spielt.

Erzähle! ich höre nichts so gern als Geschichten, in denen Weiber und Liebe eingemischt sind.

Der junge Ritter, der jetzt das Wort nahm, war nicht hübsch, er hatte jedoch einen Zug von listiger Schlauheit im Gesichte, der ihm gut kleidete und seine kleinen schwarzen Augen ungemein

belebte. Niemand konnte auch Roger von Lauten=
schild den Witz und die Gabe absprechen, schlaue
und verschlagene Antworten geben zu können.
Er war dieser Eigenschaften wegen unter Jung
und Alt bekannt. Wenn ich, wie Paul uns eben
die gute Lehre gegeben hat, in meiner Erzählung
sogleich den Mittelpunkt treffen soll, das heißt die
Stelle, wo sie am meisten und gleichsam mit einem
Schlage das Interesse an sich zieht, so muß ich
euch nur gleich sagen, daß ich in meine Groß=
mutter mich verliebte, und zwar als ich dreizehn
und sie sechzig Jahre alt war.

O, das ist belustigend! riefen viele Stimmen.
Das nenne ich ein altes Schätzchen und einen
jungen Buhlen. Aber so etwas geschieht schon
in der Welt.

Nun höret. Wenn ich sage, ich verliebte mich,
so ist eigentlich damit dem weisen Manne ange=
deutet, daß sich meine Großmutter in mich ver=
liebte. Die Frau war für ihre Jahre noch wun=
derbar schön. In ihrer Jugend hatte sie die
Köpfe der Männer verrückt gemacht, und in ihrem
Alter endete sie damit, noch einen Knabenkopf

von seiner gehörigen Stelle wegzudrehen. Wir lebten auf unserer Burg ziemlich einsam. Der Vater, wenn er nicht bei dem Hofhalt des Markgrafen war, befand sich auf der Jagd; die Mutter saß und arbeitete in ihrer Kammer mit meinen Schwestern, die zu Zucht und Ehrbarkeit und nebenbei zur Verfertigung einer gewissen Gattung schwarzgrauer wollener Strümpfe angeleitet wurden, die mein Vater gerne trug. Ich und die Großmutter waren immer beisammen. Sie lehrte mich die Laute schlagen und hielt oft, wenn sie meine Hände auf den Saiten hin und her lenkte, sie oft minutenlang in den ihrigen gefangen. Obgleich sie meine Großmutter war, so sang ich ihr doch die Liebeslieder vor, die ich lernte, und richtete, weil Niemand anders da war, meine zärtlichen Seufzer an sie. Oft saßen wir mit zwei Cithern und sangen und spielten um die Wette, hoch auf dem Altane der Burg, wenn die Frühlingslüfte wehten und im Gebüsch unter uns die Nachtigall flötete. Niemand hätte dann die Großmutter für eine Großmutter gehalten. Sie saß in einem gelbstoffenen Kleide da, in dem noch schönen schwar-

zen Haare gelbe Rosen, denn Gelb war ihre Leib=
farbe. In dieser Farbe hatte sie einst das große
Turnier zu Worms mitgemacht, wo Kaiser Sie=
gesmund ihr den Preis der Schönheit zuerkannt
hatte. Nun ich sage euch, es geschah was ge=
schehen mußte: meine Großmutter fiel als Opfer
meiner Lüste.

O du Abscheulicher! Welch ein Ausbund
von Laster!

Ich habe mich auch nicht als einen Heiligen
euch angekündigt, sagte Roger höhnend. Uebri=
gens, wer besser und reiner ist als ich, der hebe
einen Stein gegen mich auf.

Erzähle weiter.

Ich bin gleich beim Schlusse. Unsere zärt=
lichen Zusammenkünfte wurden belauscht und mein
Vater kam, um mir die Bekanntschaft einer Ha=
selgerte zu verschaffen, die er eigens zu diesem
Zwecke sich vom nahen Busche gebrochen hatte.
Als der echte Abkömmling eines echten Ritters
wollte ich mich nicht schlagen lassen, ich stellte
mich trotzig entgegen und rief meinem Vater zu:
wie, ich habe es ruhig geschehen lassen und es

großmüthig verziehen, daß du fast alle Nacht mit meiner Mutter dir zu schaffen machst, und du willst mich strafen, da du mich einmal bei der deinigen gefunden hast? Ich denke, was dem Einen Recht ist, ist dem Andern billig.

Ueber diese unerwartete Entgegnung stutzte mein Vater dermaßen, daß ihm das Strafwerkzeug entfiel. Wahrscheinlich leuchtete ihm, dem es an richtigem Verstande nicht fehlte, die Triftigkeit meiner Entschuldigungsgründe ein. Er wendete sich von mir, verbiß das Lachen und ich kam ohne Hiebe davon. Aber ich wurde bald darauf aus dem väterlichen Hause gethan, und man stellte mir frei, anderswo Großmütter zu lieben, so viele als ich nur deren finden würde. Ich bin aber weise und mäßig in dieser Beziehung gewesen; meine eigene war die erste und letzte Flamme dieser Art.

Man wird sich wol hüten, dir hier eine Großmutter vorzusetzen, sagte ein Witzbold, es müßte denn die des Teufels sein.

Ein allgemeines Gelächter erschallte.

Mit dieser zu buhlen, entgegnete der Bespöttelte, wäre doppelt gefährlich, denn da träfe ich mit einem gewissen Herrn zusammen —

St! — Wollt ihr wol schweigen! Um Gotteswillen, die Wände haben Ohren.

Und laßt sie Ohren haben! Ehrlos ist, der den Mantel trägt und wieder erzählt, was unter Brüdern gesprochen wird. Ich denke, das ist verständlich gesprochen. Und nun sage ich es offen: der Mann da drüben hält es mit dem Gottseibeiuns. Das ist männiglich bekannt.

Die Ritter schwiegen, sahen sich unter einander an und dann nach der Thüre hin. Es blieb Alles still. Man hörte im Gange draußen keinen leisen schlürfenden Schritt. Raphael war also nicht in der Nähe.

Was weiß man denn hierüber Genaueres? fragte Einer aus der dunkelsten Ecke des Gemachs. Ich denke, es sind alles nur Vermuthungen.

Vermuthungen! Sein eigener Bruder hat ihn ja nicht auf dem Meisterstuhle haben wollen. Und das erst, nachdem er in Pavia studirt und mit seinen gelehrten Mönchen hierher

in das Land kam. Früher galt er für einen Toll-
kopf und wilden Abenteurer. Aber sein Wesen
änderte sich plötzlich, und das alles, seitdem er
sich der schwarzen Magie ergab, und mit dem
bleichen Robert Bekanntschaft machte.

Der bleiche Robert, wer ist das? fragte Einer
der Neuaufgenommenen.

Wenn du wissen willst, sagte der Sprechende,
wie du es machen sollst, einem beherzten Manne,
dem vor keinem Schrecken der offenen Feldschlacht
bangt, die Gänsehaut über den Rücken zu leiten,
so nenne nur den Namen des bleichen Roberts.

Eine tiefe Stille herrschte. Der Sturm trieb
ganze Schneewolken an das Fenster.

Wo stammt der bleiche Robert her?

Von da, wo wir alle hin müssen — aus
dem Grabe.

Neue Stille.

Ich bitte euch, rief Paul, kommt zu den Lie-
besgeschichten zurück; die Ruhe und der Abend
sind so prächtig, laßt sie uns nicht vergeuden.
Ich denke, es hat sich noch Einer oder der Andere
auf ein hübsches Buhlerhistörchen zu besinnen.

Ja, ja, erzählt Buhlerhistörchen, und laßt die neugeprägten Goldstücke sprechen. Wie ist es mit dir, Wedenburg?

Wahrhaftig, lieben Brüder, ich habe euch nichts zu berichten, was eurer Aufmerksamkeit würdig wäre, sagte Goswin. Ich lebte bisher in meinem väterlichen Hause, abgeschlossen von aller Welt, mein Augenmerk nur darauf richtend, wie ich würdig sein möchte, in diesen Orden zu treten, der ein Spiegel ist so für die Ritterschaft, wie für den christlichen Wandel.

Hu, das duftet nach dem Brevier! rief Paul und hielt sich die Nase zu. Pestilenzialisch fromm!

Wie es einem Pfaffen und Kopfhänger geziemt, murmelte ein Anderer.

Und du, Landschaden — Steinach, bist du auch wie ein Nönnchen hinter dem Gitter erzogen worden? fragte Paul den jungen Franken.

Das wäre nicht möglich gewesen durchzuführen, wenn man es auch gewollt hätte, denn unser Land ist zu schön, und unsere Buben laufen darin zu ungebunden herum, entgegnete Otto. Habt ihr je von einem Steinach gehört, der ruhig seine Lebtage hinter dem Ofen saß? O, dergleichen ist nicht vorgekommen. Du, meine Burg, hoch oben auf dem Felsen, wer kennt dich nicht, wer sah dich nicht oben wie ein Adlernest am Gestein hängen und sagte zu seinem Nachbar: das ist Burg Neckarsteinach, und von dort stammen die frechen Bursche her, die wie ein Feuerstrom sich durch das Land wälzten und keinen von der Messe heimziehenden Krämer ungeneckt ließen, deshalb vom Kaiser in die Acht gethan wurden und den Beinamen Landschaden bekamen, der später dann der Hauptname wurde. Aber so wild und so verwegen sind wir jetzt nicht mehr. Das sind Zeiten, die vergangen sind. Wie der Sturm hier weht an's Fenster, und sein Toben weit hin auf der Ebene verhallt, so kommen und gehen Geschlechter und der Weise spricht: Des Sturmes Wehen ist gekommen und wieder gezogen. Mein Vater hatte sieben Söhne, ich der siebente, der jüngste. Von den Brüdern zogen drei für fremde Fürsten in den Krieg, einer nahm den Pilgerstab und wanderte in's heilige Land; von diesen vier jungen Helden ist keiner heimge=

kehrt. Der drei Ersteren Gebeine ruhen Einer in Flandern, der Zweite in Spanien, der Dritte im Lande der Burgunder, des Vierten Herz hat der durstige Mund der libischen Wüste gesogen. Der fünfte Sohn ist in Würzburg Studiosus, der sechste ist dem Vater zur Wartung geblieben und ich, ich sollte Mönch werden, um die alte böse Schuld der Landschaden hinweg zu beten in dunkler Klosterzelle. Aber die Kutte behagte mir nicht, viel lieber wählte ich einen Stand, wo ich beten mußte, aber auch zugleich fechten. Und so bin ich zu euch gekommen. Nebenbei hatte auch eine schöne Frau frühzeitig mein Herz gen Norden gewendet. Dies verhielt sich so. Als ich einst in unserm alten herrlichen Schwarzwalde, wo die Baumriesen so gewaltig mit einander im Sturme kämpfen, und wo im Sonnenglanze die lieblichsten Gesänge, wie goldene Bäche durch das Gestein rieseln, mit Jagen mich ergötzte, ward ich eines Schlosses ansichtig, von dessen Existenz ich noch nichts wußte. Es stand und leuchtete von dem dunklen Grunde ab wie eine fremde, schöne Waldblume. Und in dem Kelche dieser Wald=

blume funkelte ein Stern, nämlich eine gar schöne und liebliche junge Frau wohnte in diesem Schlöß= chen, das sie sich ganz eigen zu ihrem Vergnügen im Schwarzwalde hatte erbauen lassen. Hier saß sie in den hellen lustigen Hallen, durch die grüner Waldschatten schimmerte, und ihre Mägde ließen die Zithern erklingen und liebliche Stim= men erschallten weithin in die Runde. Sie selbst saß träumerisch auf den Arm gelehnt und hörte zu. So sah ich sie zum ersten Male, als ich erstaunt die Gebüsche durchbrach und plötzlich vor ihr stand. Ich muß ihr gefallen haben, vielleicht bedurfte sie auch eines Spielwerks, um ihre Ein= samkeit etwas zu beleben, genug, sie behielt mich bei sich. Wie die alten Sagen von dem Venus= berg berichten, so blieb auch ich verborgen vor aller Welt und zum Kummer der Meinigen, die nach mir forschen ließen, den ganzen Sommer über bei ihr. Ich kam mit dem Frühling und zog ab, als die Blätter fielen. Das war eine himmlische Liebeszeit! Ich sage euch, der Wald hatte sich wie ein grüner Vorhang vor das Bette niedergelassen, auf dessen Pfühlen wir eng ver=

bunden, Einer in des Andern Arm lagen, wie verliebte Schlangen, die sich ineinander ringeln und nicht mehr zu trennen sind. Ich erfuhr von ihr, daß sie aus dem Norden stamme, daß sie einem verhaßten Gemahl und widerwärtigen Verwandten entflohen sei, und daß diese sie überall in der Welt suchten, ohne zu ahnen, wohin sie sich geborgen. Wenn die Personen stürben, die ihr am meisten im Wege stünden, würde sie in ihr Land zurückkehren und ihren Fürstensitz wieder einnehmen; denn eine Fürstin war sie. Als wir uns trennten, gab sie mir einen köstlich gestickten Gürtel mit edlen Steinen geziert; die Arbeit der Nadel hatte sie selbst vollführt, denn sie verstand sehr fein und sauber zu sticken in Goldfäden und in bunter Seide. Als ich heim kam zu unserer Burg kannten mich die Meinigen kaum wieder. Ich war ein Knabe gewesen, unbärtig, mit noch mädchenhafter Stimme, und nun war ich Mann, hatte einen Bart und eine rauhe Stimme. Früher hatte ich so schön singen können, jetzt konnte ich es nicht mehr. Der eine Sommer hatte mich gereift, wie die Frucht am Aste, auf die die Sonne unabgesetzt ihre Pfeile abschießt.

Junge, was hast du im Walde getrieben? fragte mein Vater; du konntest so lieblich singen und jetzt bringst du keinen Ton mehr hervor.

Und dennoch habe ich dort singen gelernt, sagte ich. Wenn du ein loser Vogel geworden, entgegnete er, so werde ich für einen Käficht sorgen müssen, und ich werde einen aussuchen, der recht derbe, gute Stäbe hat. — Meine Hoffnung ist, daß ich hier noch einmal meine schöne Dame, die mich singen gelehrt, wiederfinde.

Das Abenteuer ist zu wenig gepfeffert, murrten zwei Zuhörer in der Tiefe des Zimmers. Der Florentiner wurde aufgefodert zu erzählen. Er erhob sich, machte eine höfliche Verbeugung gegen die Brüder, die ihm mit Lächeln winkten, sich wieder zu setzen, und hub dann an. Ich bin von deutscher Abstammung, obgleich in dem Lande jenseits der Alpen geboren und erzogen. Ihr wollt Liebesabenteuer, wolan, hier ist mein erstes. Ich war unschuldig, wie man nur unschuldig sein kann. In der Nähe des Hauses

meiner Aeltern lag die Kirche der heiligen Therese;
in ihr hörte ich die Frühmette und beichtete.
Mein Beichtvater war bis jetzt stets mit mir zu=
frieden gewesen, doch eines Morgens empfing er
mich mit einem bösen Gesichte. Ich trug ihm
meine kleinen Sünden vor, und als ich fertig
war, erblickte ich mit Schrecken sein zornglühen=
des Auge durch das Gitter. Um Gottes und
Christi willen! rief ich, was gibt es, mein Vater?
— Was es gibt! rief er und ballte mir eine
Faust entgegen, o du Kind des Satans, lernst
du so frühe schon unvollkommene Beichten ab=
legen! Kaum den Kinderschuhen entwachsen und
du willst dich schon auflehnen gegen die allmäch=
tige Kirche, deine und unser Aller Mutter! Bube,
welche Strafe ist hart genug, damit ich dich
würdig mit ihr belege! — Ich stammelte: wenn
ich etwas in meiner Beichte vergessen habe, so
ist es vielleicht das, daß ich bei meinem Hergehn
in die Kirche einer Frau am Wege eine Olive
aus ihrem Korbe nahm, aber da sie es merkte,
bezahlte ich ihr die Frucht noch über den Werth
hinaus. Es ist hier von keiner Olive die Rede,

sagte der Pfaffe, sondern von ganz etwas Anderem. Die Witwe, die drei Häuser weiter von euch wohnt, die schöne Signora Lucia de Pelletra, nun wirst du roth bei ihrem Namen? — Wahrlich, ich höre diesen Namen zum ersten Male! — Lügner, du hast sie ungeziemend gegrüßt, ihr Blicke zugewendet, und sie in ihrem Gebete gestört, indem du dich frech neben ihren Kirchenstuhl gestellt. Ist das nicht himmelschreiende Sünde! Und in deinen Jahren! Wenn dies am grünen Holze geschieht, was soll am dürren werden. Versuche nicht zu leugnen, der Signora Beichtiger bin ich gleichfalls: also wirst du wissen, daß ich nicht zu täuschen bin. Der Alte schwieg, ließ sich durch alle meine Gegenreden nicht überzeugen und legte mir zuletzt eine harte Buße auf, die ich ertrug, ohne zu wissen wofür. Das nächste Mal beichte ich wieder und von neuem gibt es Vorwürfe. Jetzt soll ich sogar geschrieben haben. Ich unschuldiges Blut! Und in diesem Briefe soll ich sie um eine Zusammenkunft gebeten haben, an jener Stelle, die genau bezeichnet wurde, soll ich meinen Brief einer dort wartenden Zofe über=

geben haben! Jetzt ging mir ein Licht auf, wie St. Johannes es den Knaben, die heranreifen, anzündet. Ich fand mich ein zu der Zeit, wo die schöne Witwe ihr Gebet verrichtete, ich stellte mich an ihren Beichtstuhl und als meine Blicke auffodernd erwidert wurden, ging ich auf dem schlau bezeichneten Wege weiter und schrieb das Briefchen und gab es der Zofe, die ich gerade auf dem Flecke wartend fand, der mir durch den Pfaffen bezeichnet worden. Auf diesem selben Wege ließ sie mir sagen, an welchem Tage ihr Bruder verreist sei, der sie bewachte, und wo ich dann Nachts in ihr Fenster steigen könnte. So war denn mein erstes Abenteuer im Gange. Mir war der Staar gestochen worden, ich war klug und sehend gemacht über die Weiber, und zwar war ich sogleich an eine der schlauesten gerathen. Sie hatte mich beobachtet, war verzweifelt über meine Unerfahrenheit, über meine Blindheit, alle ihre Zeichen und Winke waren an meiner uner= meßlichen und unerlaubten Unschuld verschwendet gewesen, da hatte sie zu diesem wundersamen Mittel gegriffen, mich aufzuklären; ihren einfäl=

tigen alten Beichtiger hatte die Schlaue benutzt, und dieser, eben so einfältig und unschuldig wie ich, aber nicht so jung, war in die Falle gegangen. Dies, lieben Brüder, ist ein Pröbchen von italienischer Weiberschlauheit.

Die Ritter belustigten sich an dieser Geschichte ungemein, und sie waren eben im besten Lachen, als plötzlich ein dumpfer Ton, wie eine von außen sprechende fremde Stimme in das Gemach schallte.

Plötzlich waren Alle still und jedes Auge wandte sich dem Fenster zu. Da aber hier nichts zu sehen war, blickten sie sich unter einander an, und ein paar Stimmen murmelten vor sich hin:

Der schwarze Meister läßt sich hören!

Es ist gerade Mitternacht! riefen Andere.

Laßt uns zu Bette gehen.

Ei, wer wird jetzt an Schlafen denken! nahm Paul das Wort, indem er sich hoch emporrichtete und mit kecken Blicken um sich sah. Laßt es auch immerhin den schwarzen Meister sein, der seinen gespenstischen Umzug im Schlosse hält, und unsichtbar mitten unter uns ist, wir lachen seiner

Macht. Sind wir nicht Männer, die einer bessern und hellern Zeit angehören? Können uns die Gespenster jener dunklen Tage schrecken, die hinter uns liegen? Seid keine Memmen. Wer von euch erzählt uns die Geschichte von dem schwarzen Meister?

Jetzt, gerade jetzt? fragten entsetzt Einige, da er mitten unter uns ist? Siehst du den blutigen Mantel dort an der Wand? Er scheint im Winde zu flattern, und wenn er sich hebt, bemerkt man eine bleiche, nackte Brust mit sieben klaffenden Wunden.

Wo — wo? Wir sehen nichts.

Thoren, die ihr seid, es ist ja auch nichts! Der rothe Widerschein der Flamme auf der Wand. Nun, wer erzählt uns die Geschichte von dem schwarzen Meister?

Ich, sagte Kunz von Lichtenstein. Man soll nicht sagen, daß unter so vielen jungen Degen keiner sich gefunden, der sich getraute, ein Ammenmärchen zu erzählen. Ich sage ein Ammenmärchen, denn ich glaube an den schwarzen Meister nicht.

Wieder erklangen jene dumpfen, unverständlichen Laute, aber jetzt war es, als ertönten sie mitten im Gemach, im gedrängten Haufen der Zuhörer. Diese rückten unwillkürlich auseinander. Dann herrschte wieder tiefe Stille.

Ich sage, Einer unter uns macht sich einen Spaß, sagte Kunz; aber er soll es gefälligst bleiben lassen. Jetzt hört meine Erzählung.

Die Geschichte vom schwarzen Meister.

Gleich nach Gründung unsers Ordens, in den Zeiten, als er noch das Hospital zu Jerusalem besaß, das er später verlor, lebte hier zu Lande ein Mann von räthselhaftem Ursprunge. Einige sagen, er sei eingewandert mit einer Zigeunerbande und stamme aus dem uralten Egypten, Andere behaupten, er sei ein Abkömmling einer der alten heidnischen Fürsten gewesen, die das Land längs dem Meere besessen hatten, bevor noch die Litthauer und Preußen hier eingewandert. So viel die Sage berichtet, war es ein Mann von herkulischem Bau und von finsterm Ansehn. Dieser Unbekannte erschien nun eines

Tages in Rom vor dem päpstlichen Stuhle, brachte reiche Gaben mit und bot sich an, hier, hoch im Norden, eine Stätte zu errichten, wo das Heidenthum bekriegt und das Christenthum geprebigt werden sollte. Der heilige Vater wies ben Mann an den Orden, der in Venedig seinen zeitweiligen Sitz hatte. Der damalige Meister war höchlich erfreut über diesen Vorschlag und fragte den fremden Mann, über welche Streit= kräfte er zu gebieten habe, und welche Mittel er anwenden wolle, sein Werk in's Leben zu setzen. Dieses sei meine Sorge, entgegnete Jener, ich verlange nur von Euch an Mannschaft zwölf Ritter, weniger Einen, die mit mir hinziehen, und an Gelde fodere ich zwölf Goldgülden, weniger Einen. An diesem Gelde und an dieser Hülfe habe ich genug. Der Meister entsetzte sich nicht wenig über diese Rede und war der Ansicht, der Fremde sei nicht völlig bei Verstande, denn wie mochte Jemand es anfangen, eine Burg zu er= bauen und ein heidnisches Land zu erobern mit elf Mann und elf Goldgülden. Dies schien ihm eine Thorheit und gar große Narrheit. Aber der

Fremde blieb dabei und die elf Wagehälse waren auch bald gefunden, die mit ihm ziehen wollten. So zahlte ihm der Meister denn elf Goldgülden auf den Tisch und die elf Kämpen sattelten und rüsteten sich und saßen auf. Ihnen Allen gab der Meister den Segensspruch der heiligen Jungfrau auf den Weg.

Nun vergingen Jahre, man hörte in Welschland wie in den deutschen Gauen nichts von dem Häuflein, das ausgezogen war; plötzlich kam die Kunde, ein herrliches, festes Schloß stehe hoch oben im Norden, und die Ordensfahne wehe darauf, und das Land sei viele Meilen im Umkreise bekehrt und bezwungen. Der Papst und der Ordensmeister schickten sogleich Boten, und diese kamen zurück und bestätigten, was das Gerücht erzählt, indem sie noch allerlei Wunderdinge hinzufügten, die sie wollten erschaut haben, von der Pracht und der Gewalt des fremden Oberherrn. Nun war man verlegen, wie man dem Manne, den man anfangs für einen Abenteurer gehalten und ihm wenig Glauben geschenkt, genugsam danken solle. Man fragte an und der neue Ordensgebietiger ließ zurücksagen, er verlange als sein gutes Recht den Meistermantel, wenn das jetzige hochbetagte Ordensoberhaupt mit Tode abginge. Dies war nun gegen alles Recht, denn ein Meister soll aus deutschem Adel und Stamme und von wohlbekannter Herkunft sein. Dieses Mannes Ahnen aber kannte Niemand. Jedoch was war zu thun. Gewährte man die Foderung nicht, so war zu erwarten, daß Alles verloren ging, was gewonnen war; darum ließ man fünf grade sein, und der kostbare Ordensmantel wanderte in die Schnee- und Eisregion. In den Registern des Ordens ist der Name dieses Meisters nicht eingetragen, sein Gedächtniß in das Dunkel der Sage gehüllt. Viele bezweifeln, ob überhaupt ein solcher Mann existirt, aber nicht zu bezweifeln ist das Dasein der alten Marienburg, wie sie noch im Volke heißt, und wo die Reste des Mauerwerkes, südöstlich, wie uns Allen bekannt, aus dem Sumpfe der Niederung emporragen, und von denen ein Thurm und eine Mauer noch ganz wohl erhalten sind. Das Volk nennt es den Heidenthurm und ein unterirdischer Gang soll von dort hierher in das Schloß führen. Wer soll nun den Bau aufgeführt haben, wenn alles Lüge und Sage ist? Es muß doch ein kühner, unternehmender Mann gelebt haben, der das Werk unternahm und ausführte. Seid ihr nicht auch der Meinung, Brüder?

Den Heidenthurm hat der Teufel gebaut! rief ein Zuhörer, das ist Jedem bekannt.

Nun ja doch! Und dieser schwarze Meister war — ihr versteht mich! Wenigstens, wenn er es auch selbst nicht war, stand er doch in der engsten Verbindung mit ihm. In dieser heidnischen Burg wurden nun die größten Gräuel verübt. Die elf Ritter, die mitgezogen waren, wurden Zauberer von der bösesten Art, die unter Anleitung ihres Meisters die entsetzlichsten Höllenkünste trieben. Es gab Zeiten, wo die Burg unsichtbar war und auf Monde gleichsam von der Erde verschwand, dann wieder gab es Gaukelspiel und Blendwerk aller Art. Mit der heiligen Fahne und den Kreuzessymbolen wurde der verruchteste Spaß getrieben, und dabei wurde

10*

gemordet und gesenkt, geplündert und gemartert. Der Unfug wurde so arg, daß die Christenheit davon Kunde bekam und der verruchte Meister wurde feierlich seines Amtes entsetzt und in Venedig ein neuer gewählt. Es war überhaupt von der neuen Eroberung gar nicht mehr die Rede, und ein Jahrhundert verging, ehe ein zweiter Zug, aber diesmal wirklicher und frommer Ritter, sich nach diesem Lande aufmachte, und mit Gottes, nicht mit des Teufels Hülfe die neue Burg, wie sie jetzt steht, gegründet wurde.

Nun ist es aber die höllische Aufgabe jenes schwarzen Meisters, gleichsam wie ein Raubvogel seine Geisterschwingen über das Haus Gottes zu breiten und heimlich Laster und verruchte Ketzerei über die Mauern auszugießen. Obgleich man das alte Zaubernest bis auf den Grund zerstört hat, die darin gefundenen heidnischen Geräthe tief in den Moder des Sumpfes gesenkt, wo sie bis an den jüngsten Tag kein sterblich Auge wiedersieht, so hat man doch nicht die Stätte von der Erde tilgen können, wo das Schandmal einst stand, ebenso wenig wie man das Gedächtniß dämpfen und ersticken kann an die Gräuel, die einst hier geschehen. Nachts sieht man Irrlichter auf dem Sumpfe tanzen, diese werden zu Gestalten, die die versenkten Schätze und Kleinode aus der Tiefe ziehen. Ganze Prozessionen nächtlicher Phantome ziehen über den Moor dahin und im Innern des uralten Thurmes, der keinen Eingang hat und in dessen Inneres noch Niemand hat bringen können, hört man einen wundersamen Gesang erschallen, und dann wieder ein lautes klägliches Geheul, wie von hundert Gemarterten, denen man die Glieder ausreißt, so daß Einigen, die es in der Stille der Nacht gehört haben, das Herz vor Entsetzen still gestanden hat.

Hat denn Einer den schwarzen Meister selbst gesehen? fragte eine leise Stimme.

Jedes Mal, wenn ein neuer Meister gewählt wird, ist er im Kapitel gegenwärtig. Man bezeichnet auch den Platz, wo er zu stehen pflegt, obgleich bei hellem Tage nichts gesehen werden kann, als ein dunkler Schattenfleck an der Wand, der hin und her zittert, wie wenn ein Baumschatten auf eine weiße Kalkwand fällt. So wie die Sonne aber untergegangen, sieht man deutlich eine riesige Mannsgestalt, gewappnet vom Kopf bis zu Fuß, mit geschlossenem Visir, hinter dessen Gitter statt des Antlitzes eine Feuerflamme lodert. Wenn zufällig ein fremder Gast die Stelle einnimmt, wo der schwarze Meister zu stehen pflegt, so treibt ihn alsbald, ohne daß er weiß wie ihm geschieht, ein unerklärliches Grausen von der Stelle, und er muß sich einen andern Platz wählen. Auch wenn ein Meister stirbt, hat man ihn gesehen unten in der Gruft stehen und mit gehobenen Armen, gleichsam als wolle er den Sarg, der langsam hinabgelassen wird, mit seinen Händen auffangen und entgegen nehmen. Er ist ein erbitterter Feind Christi und der heiligen Jungfrau, und eine alte Sage geht, daß er nicht eher von der Erde verschwinden wird, als bis die Marienburg dem Boden gleich gemacht worden. Alsdann wird man ihn auf der wüsten Stätte stehen und seinen Mantel in vier Stücke zerreißen sehen, das eine Stück wird er über die Nogat weg nach Brandenburg werfen, davon wird das Land einst ketzerisch gemacht und wieder den Heiden überantwortet werden; den zweiten Fetzen wirft er in's Meer, dadurch wird dieses einst anschwellen und die Lande der Bekenner Christi von denen der Heiden auf immer trennen, so daß die göttliche Lehre keinen Fortgang finde; den dritten Fetzen wirft er hinter sich, und dies wird den Heiden Macht und Stärke geben; das vierte Stück, an dem die Schnur hängt, schleudert er gen Rom, und der Stuhl des heiligen Vaters wird davon umfallen. Diese Geschicke werden aber noch lange, lange auf sich warten lassen, ehe sie erfüllt werden, erfüllt werden sie aber sicherlich.

Die letzten Worte des Erzählers hatten den Schrecken selbst in die unverzagteste Brust verpflanzt. Eine dunkle Weissagung tönt doppelt erschütternd, wenn sie in Nacht und Finsterniß und beim Sausen des Wintersturmes ausgesprochen wird. Einige Ritter erhoben sich, schlugen die Hände über die Brust zusammen und sprachen laut ein Ave Maria.

Diese Zeiten mögen noch fern sein, hub Paul

wieder an. Für jetzt, Brüder, seid beherzt und streitet. Maria, unsere Heilige, unsere Mutter, unsere Braut wird uns schützen. Sind wir auch jung, sind wir auch leichtsinnig; Ketzer, Gottesleugner und todeswürdige Sünder sind wir nicht. Wir genießen das Leben, trotz der Ordensregel, das ist Alles, was man uns vorwerfen kann.

Ja, ja, unsere Thorheiten und unsere Sünden sind verzeihlich! setzten mehre Stimmen hinzu. Wir sind junge Männer, das ist wahr, und man will aus uns alte Nonnen machen, das geht nicht. Da habt ihr unser ganzes Verbrechen. Aber wehe denen, die unter scheinheiliger Hülle heimlich daran arbeiten, die Grundvesten unseres Glaubens und unserer Ehre zu erschüttern. Ich meine damit solche, die mit Gottesleugnern umgehen, sich zu geheimen Künsten einschließen und unsere heiligen Mysterien lächerlich machen. Ich will keinen Namen nennen.

Woran du auch sehr wohl thust, lieber Bruder, sagte Kunz. Wenn wir mehr Freiheit begehren und die alten Satzungen umgestoßen wissen wollen, so thun wir es, weil wir uns als Söhne einer neuen Zeit fühlen, und weil wir jung sind und von edler Abstammung. Wir wollen nicht ewig beten und auf den Knien liegen, wie die feisten Mönche des Klosters, wir wollen, daß man uns ein ritterlich Spiel erlaubt, daß man uns gestattet, Turniere zu halten oder fremde Turniere zu besuchen. Dann wollen wir uns offen und in allen Ehren den Frauen und den Weltleuten nähern. Wozu soll das ewige Einkerkern und Einschließen? Wir wollen freie Ritter sein, durch unser Gelübde gebunden, nicht Kinder, die man in Wackelkörbchen stellt, und denen man die Arme auf dem Rücken zusammenbindet. So soll es aber wieder werden, und daran arbeiten die alten Gebietiger, die hier im Schloß ihr Nest bauen und uns mit ihren Krückenstöcken und knöchernen rothen Nasen und ihren krächzenden Stimmen zu halben Dutzenden auf dem Rücken sitzen. Wenn nicht Krieg ist, so werden wir wie die Mägde in Küche und Haus geplagt, gibt es Krieg, so läßt man uns wie eine Meute Hunde los, die sich willenlos todtschlagen lassen müssen für die alten Krücken, die zu Hause bleiben. Sind wir dann rebellisch, so heißt es: ach, der neue ketzerische Geist ist in sie gefahren! Nicht doch, es ist der Geist der Jugend.

Wir sind zwischen zwei Keile getrieben, bemerkte Einer. Hier die Gottlosigkeit und die bösen Künste, dort der alte starre Mönchsgeist. Wir können uns nicht führen.

Die Geschichte vom schwarzen Meister ist aber noch nicht zu Ende, hub Paul wieder an. Du hast vergessen uns zu berichten, Lichtenstein, welchen Zusammenhang der bleiche Robert mit jenem ersten fabelhaften Ordensgebietiger hat.

Um dies euch klar zu machen, erwiderte der Aufgefoderte, muß ich euch einen Vorfall erzählen, der sich hier ereignet hat zu der Zeit, als der vorige Meister, der Bruder des jetzigen, noch lebte, der, wie wir wissen, ein frommer Herr war. Der Landcomthur von Graudenz meldete, daß sich seit einiger Zeit in einem Dorfe seines Kirchsprengels ein Spuk ereigne, der die ganze Gegend in Schrecken setze. Ein Ungethüm ganz besonderer Art gehe um und verrichte höllische Gräuel, wie sie seit Menschengedenken nicht vorgekommen. Man habe bereits geistliche Waffen gegen diesen Teufel angewendet, allein es habe nichts geholfen; wahrscheinlich seien die Waffen zu schwach gewesen, und der hochwürdige Meister möge darum einen Priester von seiner Umgebung, und wo möglich versehen mit den vom heiligen Vater selbst geweihten Reliquien und Weihbüscheln, schicken; denn die Gefahr sei groß und das Uebel von gar entsetzlicher Natur.

Auf diesen Bericht hin wurden zwei Brüder beordert, die in Gesellschaft eines Priesterbruders und versehen mit den nöthigen Mitteln, sich auf den Weg machen mußten, um jenes Dorf aufzusuchen, in dem gerade der Spuk wüthete. Dort erfuhren sie nun Folgendes: Schon lange hatte man davon munkeln hören, daß ein Gespenst umgehe, das Nachts in die Schlafkammern sich einschliche und namentlich in solche, wo junge Mädchen oder Frauen lagen und diese hatte es durch Bisse oder Schramme verwundet, so daß Blut gekommen, welches das Ungethüm dann getrunken. Niemand aber hatte das Gespenst gesehen, auch die also angefallenen waren in ferner Gegend.

Nun trat es aber im Dorfe selbst auf und zwar zeigte es sich hier öffentlich und am hellen lichten Tage. Es begab sich nämlich ein Brautzug in die Kirche. Der Weg führte an einer wüsten Stelle vorbei, die vor Alters eine Begräbnißstatt gewesen sein soll, auf der aber jetzt der Anger sich befand. Der Zug, an der Spitze die Brautleute, hatte sich kaum diesem wüsten Platze genähert, als plötzlich ein Mann hervortrat, bleich von Gesicht, mit im Winde wehenden Haaren, vom Kopf bis zum Fuß schwarz gekleidet und einen Mantel um die Schultern geschlagen, fast wie der, den wir tragen. Alles wich zurück, da sie den Fremdling sahen, der sich in den Zug mischte und alsobald die Braut erfaßte, sie zu Boden warf, ihr Mieder aufriß und wüthend ihre Brüste mit seinen Zähnen zerfleischte. Noch mit großen Fetzen Fleisch im blutigen Munde entlief er und Niemand wußte wohin er verschwand, denn das Gestrüpp der Haide nahm ihn auf. Der Zug sprengte in wahnsinnigem Schreck auseinander; die Weiber heulten, die Männer fluchten, die mehr todte als lebende Braut wurde in die Sa=

criſtei der Kirche gebracht, wo ſie bald darauf ihren Geiſt aufgab.

Seit dieſem Vorfall fing es nun an, ſein Spiel im Dorfe zu treiben, ganz ſo, wie man es aus anderen Orten her vernommen. Kein Haus war ſicher, keine Kammer konnte feſt genug verſchloſſen werden, ohne daß das Blut= geſpenſt nicht hätte ſich Eingang bahnen können. Und der hölliſche Würgengel verſchonte am we= nigſten Jugend und Schönheit. Er kam leiſe, unvermerkt, bei trübem Mondlichte durch das Fenſter, legte ſich unmerkbar einem Mägblein zur Seite, ſchmiegte ſich an den heißen Leib, und plötzlich zerfleiſchte er den Buſen, denn auf dieſen war es beſonders immer abgeſehen. Zuletzt war keine friſche Dirne mehr ihrer Schätze ſicher. Zwar ſtarb Keine mehr davon, aber ſie erkrankten ſchwer. Wo das Geſpenſt einmal geweſen, da kam es nicht zum zweiten Male hin, auch waren diejenigen Häuſer vor ihm ſicher, in denen ein Prieſter ſchlief, oder wo ſich eine Hoſtie befand. Man konnte aber nicht in alle Häuſer, wo junge Weiber waren, Pfaffen hinſchicken, damit sie da mitschliefen, auch waren nicht so viele Heiligthümer aufzutreiben, um in jedes Haus eines hinzuschaffen.

Als die Abgesandten im Dorfe erschienen, waren sie sogleich von einer Schaar Weiber umgeben, die Zeter schrieen und Gott und die Heiligen anriefen, damit man sie errette. Was war zu thun? Vor allen Dingen mußte man nachspüren, wo eigentlich der Spuk herkam. In alten Büchern wurde nachgeschlagen, weise Leute wurden zu Rathe gezogen; immer vergebens. Endlich entdeckte man einen fast hundertjährigen Schäfer, der sich einsiedlerisch in seiner Klause hielt und jene Zeiten noch erlebt hatte, da der Orden im Entstehen war und noch nicht völlig festen Fuß im Lande gefaßt hatte. Dieser wußte zu sagen, daß er von seinen Aeltern gehört, daß jener erste schwarze Meister in seinem Gefolge einen jungen Ritter gehabt, der der höllischen Kunst mächtig gewesen und weit und breit als Zauberer schon bei seinen Lebzeiten verschrieen gewesen. Einige wollten ihn für den Sohn des Meisters ausgeben, den er gezeugt, indem er sich zu einem todten Mädchen in den Sarg gelegt; Andere behaupteten, er sei nur sein Liebling und Zögling gewesen. Genug, als dieser Ritter starb, wurde ein Nacht-Laar aus ihm und er ersteht von Zeit zu Zeit aus seinem Grabe, um die Leiber der Lebendigen zur Speise zu nehmen, und dadurch sein unnatürliches Grabesleben zu fristen. Wenn er keine ihm zusagende Speise unter den Lebenden finde, so wühle er die Gräber auf und sättige sich an den Leichen. So treibe er es schon lange, lange Zeit. Er verschwinde, bleibe wol ein halbes Jahrhundert fort, dann aber komme er wieder und sei dann ganz besonders wüthend und hungrig. So sei er denn auch jetzt wieder da, nachdem man lange nichts von ihm gehört.

Diese Aussage beschwor der alte Schäfer mit einem theuren Eide. Die drei Brüder statteten Bericht ab, und erhielten darauf den Auftrag, mit allen Mitteln des Exorcirens gegen die Höllenbestie vorzuschreiten, vorher aber den wüsten Begräbnißplatz sich zeigen zu lassen, ob sich nicht ein Denkmal oder ein Grab finde, welches man als den Sitz des ruhelosen Unholds aufbrechen, untersuchen und dann zerstören könne, im Fall man noch einen unversehrten Körper oder morsche Gebeine darin fände.

Alles dies geschah. Man entdeckte in dem Haidekraute ein uraltes Denkmal, man grub tief in die Erde und endlich öffnete man ein Grab, in welchem unverweßt ein junger Ritter lag, von großer Schönheit, aber entsetzenvoll bleich und mit blutigem Munde. Die Augen der Leiche standen offen und sahen starr vor sich hin. Diesem scheußlichen Grabbewohner wurde nun ein Pfahl durch den Leib geschlagen, und dann wurde er wieder eingescharrt, aber nicht in demselben Grabe, sondern anderswohin auf der Haide unter einem Sandhügel. Als dieses geschehen war, ward es im Dorfe ruhig.

Dies ist die Geschichte vom bleichen Robert.

Nochmals erhoben sich mehre Brüder und beteten ein Ave Maria.

Jetzt geschahen drei harte Schläge an die gefrornen Scheiben des Fensters. Das Feuer war dem Erlöschen nahe und völlige Finsterniß herrschte im Gemach. Erschreckt nicht, Brüder! rief Kunz von Lichtenstein, das ist die Wache draußen, die uns ein Zeichen gibt, daß es Zeit ist in die Kirche zur Prim zu gehen. Ich habe seit ein paar Nächten die Stunde verschlafen, und um nicht zum dritten Male zu fehlen, habe ich mir diesen Wächter und Wecker bestellt. Wer von euch geht mit in die Kirche? Es ist verzweifelt kalt.

Die Brüder, die sich anschickten mitzugehen, brachten ihren Anzug in Ordnung, warfen ihre Mäntel über und schnallten die kurze Waffe um, ohne welche sie sich nirgends, selbst nicht im Hausdienste, zeigen durften.

Siebentes Capitel.
Der St. Elisabethentag.

Der Tag der öffentlichen Armenspeisung war erschienen. Der Remter war mit Galerien von Holz gezimmert versehen, auf der das Landvolk, das diesem Tage zuströmte, seinen Platz fand, der Adel der Städte und der Umgegend hatte seine besondern Plätze. Frauen war nur ausnahmsweise der Zutritt gestattet, und es waren meistens alte, ehrbare Matronen und Anstandsdamen, die in Begleitung ihrer Männer erschienen. Nur die junge Herzogin von Corvay machte eine Ausnahme, die als nahe Verwandte des Ordensmeisters unter dessen unmittelbarem Schutz, und von einer Ehrendame begleitet, sich in einer Loge be=

fand, die über dem Baldachin angebracht war, unter welchem der großmeisterliche Sitz stand, vollkommen einem Fürstenstuhle ähnlich. Denn schon lange hatte sich das Oberhaupt des Ordens in die Reihe der regierenden Fürsten und Herren gestellt und fürstliche Ehren wurden ihm durch ganz Europa, von den Ufern der Weichsel bis zu denen der Tiber gezollt. Der Orden hatte den höchsten Gipfel seines Glanzes erreicht.

Schon war die Versammlung vollzählig, bereits hatten sich die hohen Gebietiger und die „alten Herren" eingefunden, und ihre Plätze zur Seite des Thronsessels eingenommen, der in der Mitte der Halle abgesondert stehende Tisch, an dem „die Hungrigen" Platz nehmen sollten, stand gedeckt, und die Bank, die an der Wand für die „Aussätzigen" — diesmal jedoch nur ungefährliche Kranke — bestimmt war, war von diesen eingenommen, als noch immer die Hauptperson zu erscheinen zögerte. Endlich flogen die Thüren auf, die Pauken und Trompeten ertönten, der Ordenstreßler zeigte sich mit seinem Stabe und gebot Ruhe, dann kamen eine Anzahl Pagen, in die Hausfarben des Wappens der Jungingen gekleidet, dann der Ordensdrapier mit der Hausfahne, denn die Feierlichkeit war nicht bedeutend, um die große Ordensfahne zu entfalten und wenige Schritte nach diesem auf seinen Arzt gelehnt, erschien Ritter Ulrich von Jungingen, der Hochmeister. Alles verneigte sich, als die große, schlanke, etwas gebeugte Gestalt an der Thür sichtbar wurde. Der Arzt trat einen Schritt zurück und Ulrich machte die wenigen Schritte zum Thronsessel mit einer gewissen eiligen Hast, als fürchte er auf dem Boden auszugleiten. Als er saß, legte er sich tief in den Stuhl zurück und ließ seine dunkeln Augen über die Menge hingleiten. Sein Blick durchwanderte die Galerien und blieb dann auf die soldatisch aufgestellte Reihe der jungen Ritter haften, die die ganze Linie der Länge des Saales durchschnitten und gleichsam eine weiße Mauer bildeten. Unter ihnen befand sich Goswin, dem das Herz lebhaft im Busen bebte, als er endlich jetzt den Mann erblickte, zu dem ihn ein unerklärlicher Zug der Seele hintrieb. Kein Zug seines Gesichtes, keine Miene, keine Bewegung blieb von ihm unbeachtet. Der Saal hätte von oben bis unten mit den schönsten Frauen übersäet sein können, der Jüngling hätte doch nur Augen für den Gegenstand seiner ausschließlichen Aufmerksamkeit gehabt. Freilich hatte er sich diesen mächtigen Mann, von dem das Gerücht soviel erzählte, anders gedacht. Er war ihm in den Bildern seiner Phantasie als eine hohe, kräftige, breitschulterige Ritter= und Heldengestalt erschienen, etwa so wie die Sagen Karl den Großen darstellten, nun sah er vor sich eine Gestalt, zwar auch groß und bedeutsam, aber innerlich zusammengebrochen und äußerlich vernachlässigt. Ein träumerischer und fast wilder Stolz sah aus den Blicken, das dunkle Haar war nur wenig geordnet und das ganze Ansehen des Mannes war das eines körperlich und geistig Müden, der sich am Glanze und am Gepränge der Welt wenig freute, dennoch aber sich gezwungen sah, die Huldigungen, die man ihm brachte, mit einer anscheinend erfreuten und huldvollen Miene anzunehmen. Wie er da lag, zurückgelehnt in seinem Sessel, das Haupt auf den Arm gestützt, in dem

schwarzsammtnen Anzuge mit dem weiten Mei=
stermantel bekleidet, der mit Hermelin gefüttert
war, sah er aus wie einer jener gefürchteten sa=
genhaften Könige, ein Sardanapal, ein Sesostris,
die sich in mystische Nebel hüllen, und deren dü=
steres Bild Schrecken und Bewunderung zugleich
einflößt.

Als die Gesänge verklungen waren, und der
eigentliche Act der frommen Handlung begann,
sah man den Meister sich von seinem Sessel er=
heben und in die Reihen der Bettler schwanken,
die er aus der Menge herauslas und zu der
Tafel führte. Es war von eigenthümlicher Wir=
kung die hohe Gestalt des Fürsten neben einem
kümmerlichen und zerlumpten Krüppel zu sehen,
wie ihn dieser mit einer gewissen Höflichkeit, die an
Unterwürfigkeit grenzte, führte. Der Bettler, be=
fangen und scheu, wollte sich von so hohen Hän=
den nicht führen lassen, und machte Versuche den
Mantel des Herrn zu küssen, was dieser unwillig
verhinderte. Endlich saßen alle diese Gäste und
der Ordenstreßler und der Großcomthur nahten
sich mit Tellern und Schüsseln, die der Meister

ihnen abnahm und sie auf die Tafel brachte. Er schwankte, nachläſſig den Mantel halb auf einer Schulter hängen laſſend, zwiſchen den Stühlen und Bänken herum, und nahm die geleerten Teller weg und füllte die Gläſer. Eine Stille, daß man eine Fliege hätte ſummen hören können, herrſchte in dem unermeßlich großen Raume, wo ſich Kopf an Kopf bis oben an die Decke hin zeigte. Die prieſterlichen Gebete, in Pauſen geſprochen, unterbrachen dieſe Stille. Die Speiſung war vollbracht und die Pflege und Bekleidung der Kranken begann. Sechs Ritter, mit verſchiedenen Kleidungsſtücken auf den Armen, unter Vortritt des Ordensdrapiers nahten ſich feierlich, und von der andern Seite erſchien mit einem goldenen Becken, in dem ein feuchter Schwamm lag, der oberſte Prieſterbruder, ein Greis von achtzig Jahren, der zugleich Beichtiger des Meiſters war, begleitet von drei bienenden Prieſterbrüdern, von denen Einer ein Handtuch, der Andere eine Büchſe mit Latwerge, der Dritte ein kleines chirurgiſches Beſteck trug. Die Waſchung ſowol, als die Unterſuchung und das Verbinden der Wunden war nur symbolisch und war rasch vollbracht. Als die Ceremonie vollendet war, küßte der Meister jeden der Kranken und bat sich seinen Segen aus, dann kniete er nieder und der oberste Priesterbruder, die Hände ihm auf das Haupt legend, sprach: Wie du deinem armen Bruder gnädig warest, so sei es Gott dir! Jetzt, lieben Brüder betet, ein Gebet für diesen Knecht, der vor euch im Staube liegt.

Die Posaunen fielen ein und ein lautschallender Hymnus erschütterte die Gewölbe des Festsaales. Die Sonne fiel durch die hohen Scheiben und beleuchtete auf eine zauberische Weise diese imposante Scene.

Der Armenier, der Leibarzt, näherte sich leise dem Knienden und half ihn sich erheben. Auf ihn gestützt schlich mehr, als er ging, Ulrich von Jungingen zu seinem Sitz zurück.

Die Ordensgebietiger, die ältern und dann die jungen Ritter gingen einzeln an dem Thronsessel vorüber und Jeder machte die übliche Verbeugung. Als Goswin an die Reihe kam, glaubte er zu bemerken, daß das Auge des Fürsten scharf sich auf ihn richtete und länger, als wie bei seinen Vorgängern auf ihm weilte. Ein lebhaftes Roth schlug in die Wange des Jünglings; er fürchtete durch irgend einen Umstand den Unwillen des Herrn auf sich gelenkt zu haben. Als er hierüber noch hin und her dachte, kam ihm plötzlich das Bild einer dunkeln Erinnerung, und es war ihm, als habe er dieses Antlitz bereits geschaut, er wußte nur nicht wo, und bei welcher Gelegenheit. Der Meister verließ den Saal und kam während des ganzen Festtages nicht wieder zum Vorschein. Der Großcomthur vertrat bei den zahlreichen Gästen, wie gewöhnlich, seine Stelle.

Nun Wedenburg, wie gefällt dir unser Herr Abt? sagte Paul scherzhaft und munter.

Er sieht wie ein trauernder Löwe aus, entgegnete der Gefragte, ich fürchte mich vor ihm, und fühle mich zugleich zu ihm hingezogen.

Nun möchtest du nur nie die Krallen dieser Königskatze empfinden. Es gibt Mäuse, sagt man, die arg von ihm gebissen sind, während sie unschuldig glaubten, daß er nur mit ihnen spielte.

Was heißt das?

O, ich werde nicht die Plaudertasche meiner eigenen Gedanken sein! sagte der junge Ritter lachend. Ich wollte nur damit gesagt haben, daß mit großen Herren nicht gut Kirschenessen ist, und wenn ich nicht irre, so kommt da gerade Einer, der dich zu diesem Kirschenessen einladet.

So war es auch. Der Großcomthur gebot Goswin nach der Vesper beim Meister sich einzufinden.

Als er den hohen gewölbten Gang durchschritt, der zu den Gemächern führte, dessen Schwelle er jetzt zum ersten male überschreiten sollte, beherrschte ihn ein unwillkührliches Gefühl von Bangigkeit. Es war ihm, als wenn er seinem sichtbaren Schicksale entgegenschritte. Die Wachen, die hier an den Eingängen vertheilt waren, sahen im düstern Schein der Laternen wie Marmorbilder aus, die sich gespenstisch bewegten, und als er sich ihnen nahete, die Antlitze ihm langsam zuwendeten, als begrüßten sie ihn mit dem unheimlichen Grüße und sprächen, „diesen Weg ist schon Mancher hingegangen, der nicht so wieder heimkehrte als er ging". Wie die Thüre des letzten der Vorgemächer sich öffnete, quoll dem Ueberraschten eine weiche warme, Luft voll Wohlgerüche entgegen, und eine Tageshelle wurde von den vielen Kerzen verbreitet, die an den Wänden und auf den Tischen schimmerten. Es war jedoch in diesen Gemächern ziemlich leer, zwei Ritter, die Goswin nicht kannte, wandelten langsamen Schrittes auf und ab, während Pagen und Diener hin und her sich bewegten, Pokale und Gefäße tragend. Die Ritter machten Goswin ein Zeichen weiter zu gehen. Er betrat das zweite Gemach, dies war ein runder Kuppelsaal, hier war eine kleine Tafel gedeckt, die von Gold und Silbergeschirren funkelte; als er auch diesen Saal durchschritten hatte, öffnete sich ihm ein mit kostbaren Tapeten bekleidetes kleines Gemach, in welchem er ehrerbietig an der Thür stehen blieb, denn an einem der kleinen Tische, auf dem eine Zither und ein Notenbuch lagen, sah er eine junge Dame sitzen, in der er die Fürstin von Corvay erkannte, und vor ihr stand der Hochmeister in der Hauskleidung, in schwarzem Sammt, mit der

Kette des goldenen Fließes geschmückt und in einem kleinen schwarzen, mit Hermelin gefütterten Mantel. Er wendete sich um, als er das Geräusch an der Thüre hörte, und Goswin mit einer leichten Kopfbewegung grüßend, winkte er ihm in das Zimmer einzutreten und sich zu den andern Gästen zu begeben, die sich am andern Ende des Gemaches befanden. Diese bestanden in dem Doctor Basano, dem langgewachsenen dürren Armenier, dem Arzte des Fürsten, der Begleiterin der Fürstin, einer alten Hofdame und noch einem Paar Herren in weltlicher Kleidung, die Goswin nicht kannte. Sie betrachteten ihn mit einem aufmerksamen Blicke, dann wandten sie sich von ihm ab, und setzten ihr Gespräch fort, das leise geführt wurde, um das fürstliche Paar drüben nicht zu belästigen. Kein einziger Ordensritter war sichtbar. Dieses kostbare kleine Gemach mit seinen Gemälden, seinen Teppichen und reichen Draperien, mit seinen venetianischen Spiegeln und seinen funkelnden Silbervasen hätte man für jedes mögliche kaiserliche oder königliche Prunkcabinet halten können, sicherlich aber nicht für die Zelle eines Rittermönchs, dem das Gesetz vorschrieb auf nackter Erde zu schlafen, mit seinem Mantel zugedeckt. Oben, eine Stiege höher lag solch ein alter Rittermönch, vollkommen noch nach der strengen Ordensregel, dies war der Großcomthur, der seinen fast achtzigjährigen Leib auf den Breterboden seines sargartigen Bettes legte, und ihn mit dem groben abgetragenen Ordensmantel zudeckte. So weilte das alte strenge Ordenthum nur wenige Schritte entfernt von dem neuen, entarteten unter einem Dache.

Die Herzogin, die die Musik sehr liebte, und selbst schön sang, trug nun einige Gesänge vor, voll schalkhafter Laune und zartem Wohllaut, wobei sie sich selbst zur Zither begleitete. Dann sang sie Duetten mit einem der Herren und dann trug der zweite Herr mit seinem Gefährten Gesangstücke in italienischer Sprache vor. Während des Gesanges hatte der Fürst neben der Herzogin Platz genommen, und troß dieser lieblichen Nähe schien er unaufmerksam und in Gedanken versunken. Ein Page kam, um ihm etwas zu melden; sogleich richtete er sich mit Lebhaftigkeit auf, und rief: Es ist gut, also sie ist da. Es ist gelungen. Man führe sie her! Der Vorhang öffnete sich und die zwei Ritter, die Goswin vorhin auf- und abwandeln gesehen, kamen herein, indem sie einen Dritten in ihrer Mitte führten. Dieser Dritte hatte einen auffallenden Wuchs; er war ungewöhnlich klein und so corpulent, daß er sich nicht rasch bewegen konnte, dabei hatte er ein rundes, lachendes Kindergesicht und nachtschwarze Locken, die ihm über Stirn und Nacken niederhingen.

Ach, Signora! rief der Fürst, und die Herzogin stand ihm lachend zur Seite, also glücklich eingeschmuggelt! Nun ich freue mich, den neuen Ordensbruder zu begrüßen.

Der kleine Ritter machte eine tiefe, frauenhafte Verbeugung, indem er einen Zipfel seines Mäntelchens emporhob, und das schalkhafte Gesicht mit den großen schwarzen Augen halb dahinter verbarg. Ach, Serenissimus, flüsterte sie, wie häßlich und eng sind die Sättel hier zu Lande und wie schlimm ist es durch Schneegestöber und bei dem Anrufen der Wachen in ein altes finsteres Kastell einzureiten, wie dieses hier.

Signora, sagte der Fürst lächelnd, wir werden euch für eure Mühen zu entschädigen wissen. Doch liebt ihr die Abenteuer, wie ich weiß, und ob ihr sie in Venedig, auf dem Rialto oder hier in Preußen, in Marienburg besteht, das kommt so ziemlich auf eins hinaus! Bewunderer und Liebhaber findet ihr auch hier, dafür will ich schon sorgen. Er wendete sich nach diesen Worten zu einem der Ritter und fragte etwas leiser: Wie habt ihr sie durchgebracht?

Gnädiger Herr, sehr gut. Auf den Schlitten gepackt und in Kissen eingewickelt, so daß sie kaum Luft schöpfen könnte, brachten wir sie hierher. In der Herberge in der Stadt unten, kleidete sie sich um, und so ritten wir Drei durch das Thor, Niemand hat geahndet, wen wir bei uns führten. Uebrigens war es auch nur der Signora Wille, sie hätte auch als Frau an diesem Tage ungehindert kommen können.

Aber ich wollte ja euern komischen weißen Mantel tragen! lachte die Sängerin. Ich wollte meine Brust mit dem Kreuze zieren, daß auf so vieler tapferer und schöner Männer Herzen seinen

Platz hat. — Damit küßte sie mit Ehrfurcht das Kreuz auf ihrem eigenen Mantel und sah dabei mit einem schalkhaften Blicke Goswin an, der über und über erröthete.

Jetzt wurde der Gesang fortgesetzt. Durch die Signora kam erst rechtes Leben hinein. Sie sang leidenschaftlich, knüpfte dabei ihr zu enges Koller auf, warf, unbekümmert welche Formen sie dabei den Blicken preisgab, ihren Mantel ab, da er ihr lästig wurde, und nun flog sie, bald diese, bald jene dramatische Scene darstellend, von einer Ecke des Zimmers in die andere. Sie spielte auf der Zither und machte den Liebhaber und die Geliebte in einer Person. Die Fürstin und ihre Begleiter lachten, der Arzt war entzückt, die beiden Herren unterstützten soviel wie möglich im Spiel und Gesang ihre Landsmännin; Goswin, dem eine neue Welt aufging, war ganz Auge und Ohr, nur der Fürst blieb in seiner Abgeschlossenheit und Ruhe, bald den Blick hierhin, bald dorthin auf eine Gruppe der kleinen Gesellschaft richtend. Die beiden Ordensbrüder hatten sich bald nach ihrem Erscheinen wieder entfernt, statt ihrer waren zwei andere Männer eingetreten, die in halb geistlicher, halb weltlicher Tracht erschienen, wohlbeleibte Gestalten mit Prälatenbäuchen und höchst jovialen Mienen. Sie flüsterten sich beständig einander etwas zu, und der Gegenstand ihrer Bemerkungen schien die Signora zu sein.

Man begab sich zur Tafel, von der der Fürst fortblieb, und hier erreichte die Lust und die geräuschvolle Munterkeit ihren Gipfel. Die Herzogin ließ sich von einem der Cavaliere zu ihrem Sitze führen, der andere nahm zu ihrer Seite Platz; neben diesem die alte Duenna. Die beiden Prälaten schlossen die Sängerin in ihre Mitte, die ihren Mantel wieder umgeschlagen hatte, Goswin und die Italiener saßen beisammen. Es wurden die Becher ohne Unterlaß gefüllt, und die geleerten Schüsseln mit neuen, gefüllten ersetzt. Als die feinen spanischen Weine aufgetragen wurden, blitzten die Augen im Glanze der Lichter, die Zithern erklangen von Neuem und ein nicht endendes Gelächter umkreiste den Tisch.

In einem Zustande, der nahe an Exaltation streifte, erhob man sich endlich um Mitternacht und ging sich von dem Gastgeber zu beurlauben. Die junge Fürstin eilte auf ihn zu, um ihm die Hand zu küssen, er schloß sie in seine Arme. Die Hofdame küßte den Zipfel seines Rockes; die Herren beugten ein Knie vor ihm. Die Signora aber flog auf ihn zu und schloß ihn ohne alle Rücksicht in die Arme; dann sank sie vor ihm auf die Knie und sagte: Vergib, großer Meister, deine arme Magd hat dem Drange ihres Herzens zum Danke, daß du sie so gut aufgenommen, nicht widerstehen können. Laß mich jetzt zur Strafe in dein tiefstes Burgverließ werfen.

Die Ritter erschienen wieder, um die Signora fortzuführen, allein sie schauerte zusammen und rief, daß sie in finstrer Nacht unmöglich jetzt, so erhitzt wie sie sei, auf das Pferd und zurück in die Stadt reiten könne. Die Herzogin befahl ihrer Dame, sie zu sich zu nehmen.

Als Alles sich entfernt hatte, stand Goswin in ehrfurchtvoller Haltung an der Thüre, die Befehle des Gebieters erwartend. Ein stummer Wink hieß ihn gehen. Berauscht und halb sinnlos irrte er die dunkeln Gänge hindurch und sank auf sein hartes Lager nieder, umgaukelt von den goldenen Bildern, die er so eben erschaut. Die Brüder um ihn her schliefen bereits seit lange.

Achtes Capitel.

Was ferner sich im Gemach des Ordensmeisters begab.

—

Den Morgen hierauf war ein gewisses streng einzuhaltendes Gebet vorgeschrieben, dieses versäumte Goswin durch einen bleiernen Schlaf auf seinem Lager zurückgehalten, und machte sich hierdurch zum ersten male der Strafe schuldig. Der Großcomthur ließ ihn kommen, empfing ihn nicht wie früher mit einem väterlichen Wohlwollen, sondern hart, kalt, als Ordensgebietiger. Raphael würdigte ihn keines Blickes.

Du hast gefehlt, Bruder, und mußt büßen, sagte der Greis.

Goswin senkte das Haupt und schwieg.

Man lese ihm den Strafkodex vor.

Einer der Priesterbrüder, die stets in der Zelle des Großcomthurs gegenwärtig waren, öffnete einen schweren Lederband, aus dem eine Menge kleiner Zettel und Denkzeichen hervorhingen, als Beweis, wie oft in diesen Blättern gelesen, und wie viele Bemerkungen und Namen mit den verschiedenen leichten und schweren Verbrechen in Verbindung gebracht worden waren. Der Priester las mit einförmiger Stimme:

Paragraphus 15: So ein Bruder sich willensschwach und träge finden läßt, die vorschriftmäßigen Uebungen und Gebete nicht also abhält, wie sie ihm angedeutet, so verfällt er in dreifach geschärfte Pönitenz. Zum ersten wird man ihn ermahnen und auf seinen Wandel aufmerksam machen; zum andern, wenn dieses nicht hilft, ihn auf drei Tage in einsamer Klausur bei Wasser und Brot einsperren; zum dritten und letzten wird man ihm an heiliger Stätte fünf Geißelhiebe geben und er wird auf ein ganzes Jahr ausgeschlossen sein aus jeder öffentlichen Versammlung im Capitel.

Das Buch wurde wieder geschlossen und der Comthur sagte: Ich ermahne dich hiermit, Bruder, einen christlichen und demüthigen Lebenswandel zu führen und bei Gottes und unser Frauen Liebe und Gerechtigkeit ja nicht deine Pflichten zu fehlen. Jetzt geh aus meinem Angesicht.

Goswin küßte den Saum des Mantels, sowie es vorgeschrieben war, und entfernte sich. Auf der Schwelle rief ihn der Greis nochmals bei Namen. Ein dräuender aber zugleich nicht liebeleerer Blick traf ihn und die Worte erschallten: Mein Sohn, mein Sohn! Sitze nicht, wo die Spötter sitzen! Dann gab der Alte einen Wink und der Jüngling mußte gehen.

Am Abend nach der Vesper schickte der Hochmeister nach ihm. Er traf ihn diesmal allein, nachdenklich an einem Tische sitzend, Basano war im Vorgemach.

Tritt näher heran! sagte Ulrich.

Goswin gehorchte.

Du hast meine Aufmerksamkeit erregt, Knabe, fuhr der finstere Mann fort, und ich beabsichtige dich näher zu mir heranzuziehen. Unter den Tau=

senben, die meinen Befehlen untergeben sind, finden sich nur Wenige, zu denen ich mich gezogen fühle. Sie müssen schön, stolz und in manchen Dingen mir ähnlich sein, alsdann erkläre ich sie für meine Lieblinge. Dies hindert aber nicht, daß ich wieder fallen lasse, wen ich einmal hielt. Also rechne nicht auf beständige Gunst. Sie zu gewähren liegt nicht in meinem Charakter. Deshalb habe ich Feinde.

Du wirst in diesen Gemächern, die vor aller Welt verschlossen sind, Dinge sehen und hören, die dir meine wahre Gesinnung und die meiner Getreuen kund thun werden. Schweigen ist ohnedies dein Gelübde, es ist das doppelte und dreifache in Betreff der Personen und Dinge, die mich angehen. Wenn nur ein unvorsichtiges Wort deiner Zunge entgleitet, so habe ich die Macht und den Willen, dich von der Erde verschwinden zu machen.

Doch sei nicht ängstlich, Junge, ich strafe selten; viel lieber sehe ich darüber hin und schweige, weil mir Personen, Sachen und Welt ziemlich gleichgültige Dinge sind. Aber laß dich das nicht sicher machen, zuweilen strafe ich doch.

So weiß ich, daß dir eine Strafe auferlegt worden ist, ich will sie dir mit eigener Hand ertheilen. Entkleide dich!

Goswin gehorchte. Er stand bald im letzten Gewande vor dem Fürsten; auch dieses mußte fallen. Das Licht der beiden hohen Kandelaber, die in der Tiefe des Gemaches aufgestellt waren, fiel in günstiger Beleuchtung auf die jugendschönen Formen des Jünglings. Ulrich stand leicht auf den Tisch gestützt und betrachtete den Körper. Er klingelte und Basano trat herein. Komm Cecil, sagte er zum Arzte und zog ihn näher: Hast du den Apollino noch im Gedächtniß, den wir zusammen in Florenz betrachteten? Hier steht er.

Ach, Orlando! du hast Recht! sagte der Arzt.

Wir, fuhr der Fürst fort, die, durch ein albernes Gesetz gezwungen, die Schönheit des weiblichen Körpers nicht bewundern dürfen, wir müssen uns wenigstens die Vollkommenheit und den Reiz des männlichen nicht entgehen lassen. Und wahrlich es ist ein Zeichen der Barbarei hier zwischen Weib und Mann einen Unterschied zu machen. Weil wir selbst dem Geschlechte angehören, sollen wir es deshalb nicht schön finden dürfen? Blinde Thorheit. Was machte das Volk der Hellenen so groß, als die gleiche, durch kein Vorurtheil getrübte, Verehrung des Schönen? Aber predige dies den Barbaren, von denen wir umgeben sind, und mit denen wir es zu thun haben!

Orlando! Wir predigen nicht, wir genießen! entgegnete Basano mit leisem, aber scharfem Nachdruck. Alsdann haben wir es, wie wir wollen. Er ging mit unhörbaren Schritten wieder aus dem Gemach.

Ulrich trat an einen Vorhang, dieser rollte zurück und ein sehr freies Gemälde wurde sichtbar, auf dessen Figuren erröthend der Jüngling hinblickte. Er senkte die Augen, aber er öffnete sie wieder, denn das Bild übte einen zu großen Zauber auf ihn. Es waren badende Nymphen, die in dem Schatten des Waldes ihre reizenden Leiber hüllenlos zeigten. Ein Bild weiter war schon zügelloser; es zeigte dieselben Nymphen im Kampfe mit jungen verliebten Hirten und Jägern. Goswin, durch das allmächtige Jugendblut gespornt, sah jetzt schon unverwandt auf das Bild, sich wenig kümmernd um den Ort, wo er sich befand, und den Zustand, in welchem er war und in welchen er sich versetzte.

So ist es recht! rief der Fürst. Wie die Blume doppelt schön ist im Strahle des Lichtes, der ihren Kelch öffnet und ihre brennendsten Farben hervorlockt, so ist der jugendliche Körper am schönsten im Stande der sehnsuchtvollen Erregtheit.

Diese Worte machten den Jüngling verwirrt, er besann sich plötzlich, wer neben ihm stand, und seine erste Bewegung war nach den abgelegten Gewändern.

Jetzt noch nicht! rief der Fürst; erst überstehe deine Strafe.

Er nahm eine Geißel hervor und der Jüngling mußte sich auf die Polster niederwerfen. Der blendendweiße Marmor der Glieder hob sich gegen die schwarzbraunen Teppiche, mit denen die Polster bedeckt waren, vortheilhaft ab. Das lichtbraune Lockenhaar streute seine Schatten auf den

Nacken aus, und umschloß den Contour der brennenbrothen Jugendwange, die in die Kissen gedrückt war. Anfangs in leichten, dann aber in immer schwerern Schlägen fiel die Geißel auf die Hüften und Schenkel nieder, zuletzt wüthete sie gleichsam in der Hand des leidenschaftlichen Strafenden, und das Blut tropfte und dann floß es aus den geöffneten Kanälen. Der Gemarterte gab keinen Laut von sich. Ehrfurcht und männlicher Muth machten zu gleicher Zeit ihn stumm. Als seine Schenkel in Blut gebadet waren, fühlte er das Antlitz seines Peinigers zwischen ihnen und ein heftiger Biß erschreckte ihn und entlockte ihm den ersten Ausruf des Schmerzes. Er richtete sich auf. Der Fürst stand lächelnd da, aber mit funkelnden Augen, und sagte: Ich habe dich gezeichnet: Du bist jetzt der meine. Steh auf und kleide dich wieder an!

Kaum konnte sich Goswin rühren. Blutflecke bezeichneten den Ort, wo er ging. Er war bleich wie der Tod geworden. Der Fürst half ihn seine Gewänder anlegen. Dann klingelte er und Basano erschien von neuem.

Nimm ihn, herrschte ihm der Gebieter zu, und lege ihm deine Pflaster und Latwergen auf. Laß ihn nicht eher wieder ausgehen, als bis er vollständig geheilt.

Das wird nicht lange dauern, sagte Goswin sich ermannend. Als ich zum ersten male das Schlachtroß meines Vaters ritt und zwei Tage und zwei Nächte nicht aus dem Sattel kommen durfte, hatte ich Aehnliches zu überstehen.

Ein Ritter unser lieben Frau hat schärfere Ritte zu machen, als sie ein weltlicher Kämpe vollführt! sagte der Fürst. Geh, mein Junge, und laß dir Pflaster auflegen und danke Gott für die Ehre, die du genossen, deine erste Strafe von der Hand des Meisters selbst empfangen zu haben.

Wahrlich, dieses Bewußtsein macht mich auch stolz! rief Goswin. Er wollte dem Fürsten zu Füßen fallen, dieser zog ihn aber zu sich, drückte einen Kuß auf seine Stirn, und sagte leise: Möchten wir zusammen durch Leben und Tod gehen! Dies ist bei mir schon mein Wunsch und mein Wille! Als die leichten Verwundungen ge=

heilt waren, erschien Goswin von neuem und fast
alle Abende beim Fürsten. Nur selten fehlte die
Auffoderung. Diese plötzliche Gunst erregte bei
den Brüdern einiges Aufsehen, sie wagten jedoch
nicht ihren Neid und ihre bösen Bemerkungen
hierüber laut werden zu lassen, denn sie waren
gewohnt, daß in solchen Fällen unfehlbar die
strengste Ahndung sie traf. Der Hochmeister
wurde nicht geliebt, er wurde gefürchtet. Hierin
unterschied er sich wesentlich von seinem weichen,
sanften, menschenfreundlichen Bruder, der geliebt
wurde, aber so wenig gefürchtet, daß die Ordens=
disciplin nie schlimmer berathen war, als unter
der Herrschaft dieses gerechten und milden, aber
leider nicht strengen Fürsten. Konrad von Jun=
gingen liebte die Offenheit und Freiheit; seine
Sitten waren untadelhaft, er fand keinen Grund
sich in Geheimnisse zu hüllen, die er überdies ver=
achtete. Ulrich zog alle Mittel herbei, um sich vor
der Menge in ein ehrfurchtsvolles Dunkel zu hül=
len; er brachte die alten Mysterien wieder auf,
und umgab sich mit den Schrecken, die die uralte
Lehre der Gnostiker, aus Aegypten stammend,

über den Orden verbreitet hatte. Sein mystischer Umgang und seine mystischen Bekanntschaften spannten gleichsam ein unsichtbares Netz über seine Umgebung, und wirkten in die weiteste Ferne. Die leichtgläubige Menge hielt ihn für einen Magier, der bestimmt war, durch übernatürliche Kräfte den Orden vor der Zerrüttung zu schützen und ihm den höchsten Glanz zu verleihen. Seine Befehle fanden unbeschränkten Gehorsam, man sah sie, je weiter von dem Sitze dieses Gottes entfernt, für Orakelsprüche an. Hierzu trug sein, in der That für einen Weltmann seiner Zeit, fast beispielloses tiefes und gründliches Wissen bei; er hatte eine gründliche gelehrte Schule durchgemacht und die philosophischen und theologischen Systeme, die damals die gelehrte Welt beschäftigten, waren ihm nicht unbekannt. Seine Kenntnisse in der Chemie und in der Arzneiwissenschaft erwarben ihm den Ruhm, von mehren Hochschulen den Doctorhut sich erworben zu haben. Er war Adept und das Gerücht behauptete, daß er die von seinen Vorgängern erschöpften Kassen mit selbst bereitetem Golde wieder füllte. Zu dieser Glorie des Gelehrten fügte er die ritterlichen Tugenden und die höfische Gewandtheit des Weltmannes, der an Fürstenhöfen die meiste Zeit seines Lebens zugebracht, bis ihm das Schicksal selbst einen Fürstenstuhl einräumte. Niemand verstand die Kunst der Verstellung so gut wie er, aber er wandte sie selten an, denn nachdem er zur Macht gelangt war, fand er bequemere Mittel sich in Ansehen zu erhalten. Er war ein Verächter dessen, was man die öffentliche Meinung nannte, aber er hütete sich wol, sie öffentlich zum Kampfe herauszufodern, wie es sein gutmüthiger Bruder gethan, der die Menschen redlich bessern wollte, und dafür von ihnen gehaßt und verfolgt wurde. Heimlich ein Spötter, dem Alles, was die Menschen um ihn her glaubten oder meinten, völlig gleichgültig war, übte er doch die Gebräuche und bekannte sich willig zu den Satzungen, die ihm mit seiner Stellung zugleich auferlegt waren. Rachgierig bis zum Aeußersten, wo es galt einem persönlichen Widerwillen zu genügen oder einen persönlichen Angriff zu vergelten, war er edel und großmüthig einem kleinen unbedeutenden Feinde gegenüber. Sinnliche Neigungen und in ihrem Gefolge Eifersucht beherrschten ihn bis zum Wahnsinn, die Außenseite seiner Mienen und seines Betragens blieben aber dabei immer kalt, und er zeigte der Welt immer ein männliches, finsteres, verschlossenes und ehrfurchtgebietendes Wesen. Auch hierin gab er einen Gegensatz zu seinem Bruder ab. Konrad, sinnlich und hingebend, brachte besonders aus der Zeit seiner Jugend eine Menge kleiner skandalöser Geschichtchen in das Ordenshaus mit, Abenteuer mit Frauen, denen der leichtgläubige Mann zum Opfer gefallen war, und die er unvorsichtig selbst unter die Leute gebracht. Dies schwächte sein Ansehen bei den strengen alten Herren des Ordens. Von Ulrich wußte man keine einzige Liebesgeschichte, er hatte entweder nie eine gehabt, oder er hatte sie in undurchdringliche Schleier zu hüllen verstanden. Dadurch galt er für ein Bild strenger Rittertugend beim Orden, als man ihn wählte. Besser Unterrichtete wollten zwar meinen, wie in Allem, so sei er auch hier von finstern Geheimnissen umgeben; ja man behauptete, er habe bereits mehr als eins der Opfer seiner verborgenen Flammen in dunkeln Verließen verschmachten lassen, oder den entsetzlichen Tod des Lebendigbegrabenwerden erleiden lassen. Es gab da ganz besonders dunkle Geschichten. Aber dem eisernen Manne, der keinen Freund hatte und keinen haben wollte, war nie über diese oder ähnliche Dinge eine Auskunft abzugewinnen. Man hätte eben so gut das Grab fragen können, mit dessen Schrecken und dessen Schweigen er so viel Aehnlichkeit hatte.

Nachdem was wir eben beigebracht, läßt sich erklären, welche Anziehungskraft gerade eine solche Natur auf die Jugend haben mußte. Sie wurde wie vom magischen Blick der Schlange unwiderstehlich in seine Nähe gezogen. Er hatte die ganze Jugend des Ordens für sich gehabt, als er sich noch Mühe gab populär zu sein und ganz ohne Zweifel hatte er sie alle wieder für sich, wenn es sein Zweck erfoderte wieder die Mittel anzuwenden, die er besaß, die Gemüther an sich zu fesseln. Von einer unbegreiflichen Müdigkeit und einem Ueberdruß an Allem befallen, waren ihm wissentlich und willentlich seit einiger Zeit die Zügel der Regierung entfallen, und sogleich waren sie von anderen Händen aufgenommen worden. Wir haben schon von einer ehrgeizigen Partei erzählt, die sich im Innern des Kerns der Ordensgemeine bildete, und ihr Haupt in dem jungen Comthur Arthur von Hachenberg besaß. Dieser ritterliche Held war früher des Hochmeisters Liebling gewesen, es hatte aber zwischen Beiden ein allen Andern unerklärliches Zerwürfniß stattgefunden, und seitdem intriguirte der Comthur heimlich gegen seinen frühern Beschützer und Begünstiger. Hachenberg hatte schnell hinter einander mehre wichtige Landcomthurämter bekleidet, hatte dann eine eigene Ballei innegehabt und war dann als Comthur der Provinz und als Unter-Comthur auf Marienburg in das Ordensschloß versetzt worden. Dies geschah aus keinem andern Grunde, als um ihn in der Nähe zu haben, um ihn beobachten zu können. Diese Rangerhöhung, die scheinbar die alte Gunst des Fürsten ihm in vollem Maße wieder zusicherte, war nichts als ein Zeichen seines wachgewordenen Miß=

trauens. Auch von den herrschsüchtigen Plänen war der oberste Gebietiger unterrichtet, aber, wie bemerkt, er ließ, momentan in Unthätigkeit versinkend, die Sachen unbekümmert gehen, wie sie gehen wollten. Es beschäftigte ihn gegenwärtig, mit den Anhängern der neuen Wikleff'schen Lehre zu disputiren und die ketzerischen Grundsätze, die in Böhmen auftauchten, in der Nähe zu betrachten.

Goswin fand daher, als er wieder eines Abends in den Gemächern des Ordensmeisters erschien, zwei fremde Männer daselbst, die sich angelegentlich mit ihrem fürstlichen Gastgeber unterhielten. Befand sich der Fürst gerade im Gespräch, oder wollte er sonstwie nicht gestört sein, so war Goswin bereits gewöhnt, sich still in eine Fensternische zu setzen und dort hinter einem Vorhang halb versteckt zu warten, bis ein Ruf ihn hervortreten hieß. Oft saß er auch hier mit Basano bei einer Partie Schach. Immer aber konnte er mit Bequemlichkeit die Personen sehen, die im Gemach sich befanden, und ihr Gespräch hören.

Die beiden Männer, von denen der eine klein und schmächtig, der andere wild, mit kransem, schwarzem Haar und von derber, gedrungener Gestalt war, hielten sich als Flüchtlinge und Verfolgte hier auf. Der Bannfluch lastete auf ihren Häuptern und sie waren durch Urthelspruch zum Holzstoß verdammt. Es war Gefahr dabei, ihnen ein Asyl zu gewähren, und besonders wenn dies Asyl die fromme Ordensburg war, die mit zahllosen päpstlichen Segnungen prangte, und eine starke Schutzwehr gegen die Feinde der Kirche und des Glaubens sein sollte. Niemand in der weitläufigen Residenz ahnete auch, wer diese Fremdlinge waren; sie wohnten in tiefster Stille in den Zimmern des armenischen Arztes. Man hielt sie für dessen Freunde und für zwei Doctoren aus Padua.

Als die religiösen Dispute einen Augenblick Pause machten, trat mit einem gewissen ceremoniellen Anstande der mißgestaltete Krüppel herein und machte eine tiefe Verbeugung vor dem Fürsten, wobei er seine beiden Köpfe fast zur Erde neigte. Er hatte die Meerkatze in den Armen, die er liebkosete und sie dann auf den Teppich niedersetzte, wo sie ihre Sprünge machte.

Der Fürst sah ihn eine Weile an und sagte dann: man hat mir Klagen über dich vorgebracht, du sollst im Solde meiner jungen Taugenichtse stehen und ihnen Rapport abstatten, wenn sie bei ihren schlimmen Streichen Entdeckung und Ueberraschung zu fürchten haben.

Ach, mein Bruder, entgegnete der Krüppel, das ist doch wol nur Lüge. Ich weiß, das hat dir mein lieber Bruder, der Hörnerträger, hinterbracht. Doch gib ihm kein Gehör. Ich, im Solde deiner Taugenichtse stehen! Und was können diese Vögel mir für einen Sold geben; sie, die nichts haben als einen leeren Magen, den sie mit großsprecherischen Reden zu füllen trachten, und eine trockene Kehle, die sie mit Lügen anfeuchten.

Nein, sie trinken Wein und schlemmen! sagte der Fürst.

Nun, und trinkst du nicht auch Wein, und ich — schlemme ich nicht auch, und wir sind beide Fürsten, die Gott über Land und Leute gesetzt hat, und die als gutes Beispiel vorleuchten sollen.

Narr, nimm dir nicht zu viel heraus! bemerkte Basano.

Narr, was störst du mich in meiner Rede. Habe ich jemals dich gestört, wenn du deine meuchelmörderischen Pillen drehtest oder deine Latwergen schmiertest? Du glaubst wol, weil du durch deine Decocte und Mixturen hier den Prinzen, meinen Bruder, so weit hergestellt hast, daß er wieder mit mir zusammen seine Spaziergänge machen kann, daß dir deshalb erlaubt ist, kecklich deine Zunge gegen Fürsten und deren Söhne zu brauchen? Ich sage dir, schweige, wo ich und Meister Ulrich sprechen.

Der Arzt trat einen Schritt zurück und lächelte. Wer ist diese merkwürdige Figur? fragte ihn leise einer der Wiklessianer.

Wer ich bin? rief der Kleine. Ich bin eine Figur, wie du eine bist, von dem großen Weltenaffen geformt und geknetet und dann in die Welt geschleudert, wo einige Figuren auf den Kopf, andere auf die Beine fallen. Ich bin auf den Kopf gefallen, und deshalb auseinander geplaßt. Von meiner zweiten Hälfte ist nur dieses Stück übrig, das du hier auf der Schulter siehst. Wäre ich, wie es sich gehört, auf die Beine zu stehen gekommen, so wäre ich jetzt ein ganzer Mann und regierte über Land und Leute und trüge einen goldenen Reifen um das Haupt. Jetzt bin ich etwas anderes. Jetzt bin ich ein Spaßmacher und der einzige Mann unter männlichen Nonnen. Ich bin der Einzige, den man nicht verschnitten hat mit dem geistlichen Messer, und der die Erlaubniß hat, mit einer Eva als Adam im Paradiese zu leben. Das heißt, ich habe kein Gelübde gethan, und trage keinen weißen, sondern einen rothen und manchmal auch einen blauen oder gelben Mantel.

Ihr lächelt, weil ich von meiner Eva spreche, und ihr wollt damit sagen, daß ein so übel gebauter Bursche schwerlich viel Glück bei den verschiedenen Eva's machen wird; doch ihr sollt nur wissen, ich war ehedem schlank, wie eine Tanne, und lieblich von Angesicht. Allein man hat mir hier ein gar subtiles Gift, den Herrn Christus, in den Leib gebracht, und seitdem schlugen die Buckel vorn und rückwärts aus, als wie ein Maulwurf, heimlich im Innern arbeitend, seine bösen Berge nach oben auswirft.

Wie! rief der Fürst, was muß ich hören? du bist also nicht freiwillig ein Christ geworden? und ich habe geglaubt, du befändest dich so glücklich im Schooße unserer Religion.

Aufrichtig gesagt, nein, Bruder. Ich bin weder freiwillig ein Anhänger eures Gottes geworden, der Euch die hübschen weißen Mäntel zuschneidet, noch befinde ich mich so besonders glücklich im Schooße seiner Mutter, der großen goldenen Frauensperson in der Mauernische drüben. Wie gesagt, so wie ich Christ wurde, schlugen bei mir die Buckel aus. Ich verkümmerte und mein ganzes Wesen wurde kläglich. Es würde bei euch Allen nicht anders kommen, allein ihr wißt euch zu verstellen und drückt eure Buckel mit großer Anstrengung zurück, aber dann schießen sie innerlich an. Glaubt nur, wäre ich ein lustiger Heide geblieben, der ich war, ich hätte mich des Lebens gefreut und wäre keine Schande und kein Spott mir und Andern geworden.

Alsdann bist du noch nicht recht bekehrt! sagte Basano.

Wollt ihr es noch weiter treiben? Soll ich noch neue Auswüchse erhalten, und an welchem Theile meines armen Körpers? Wie ihr grausam seid, ihr ritterlichen Nonnen! Ihr behoseten Chorschwestern! Ihr busenlosen Weiber! Ihr Männer in Weiberschürzen! Die ihr vor einem Jungfrauenbette ausspukt, und nach einem Männerbette gelüstet! Die ihr die Welt und ihre Gesetze verkehrt, weil ihr beim Verkehrten besser eure Rechnung findet, als beim Geraden! Geht, geht, bekehrt euch selbst, dann bekehrt Andere!

Du bist ein eben so böser Christ, als du ein undankbarer Empfänger von Wohlthaten bist, sagte Basano. Wenn die Ordensbrüder dich aufgenommen, dich verpflegt, dir ein Asyl gewährt, so ist es eines Mannes wenig würdig, durch Lästerungen für Gutthaten zu danken.

Wie du weise zu predigen verstehst, gelehrter Mann, hub der Kleine wieder an. Es ist nur Schade, daß du, wie du von deinen eigenen Medicamenten nichts gebrauchst, so auch von deiner eigenen Weisheit nichts zu deinem Nutzen verwendest. Bist du denn ein so guter Christ, und wie vergiltst denn du die Gastfreundschaft, die dir dieses Haus gewährt? Nicht wahr, dadurch, daß du behülflich bist, hier Alles vom Obersten zum Untersten zu kehren, und daß du den leichtgläubigen Dirnen in der Umgegend Liebesträntchen kochst, den Söhnen schneller zu Erbschaften hilfst und gutes Gold bei Seite bringst, um mit falschem in deinen Schmelztiegeln zu prunken.

Der Arzt verbarg schlecht seinen Ingrimm über diese stachelige Rede, und ein finsterer Blick des Fürsten zeigte dem kleinen Schwätzer, daß er hier an die Grenze der erlaubten Späße gekommen war.

Uebrigens, sagte der Kleine, diese drohenden Zeichen bemerkend, thut, was ihr wollt. Mich kümmert es nicht. Aber laßt mich nur meinen hübschen Jungen beistehen gegen den alten Hörnerträger. Sie wollen ihre Jugend genießen, und wenn sie gleich Nonnen sind, so sind es Nonnen, die Hosen tragen und die ihren Rosenkranz an ihrem Schwertgriff aufhängen. Von diesen dürft ihr nicht verlangen, daß sie den ganzen Tag auf den Knieen liegen, und nie ein Gelüste haben, über die Klostermauer hinüber zu blicken.

Als diese Worte kaum geendet waren, hörte man im Vorzimmer eine helle Stimme, die rief: Crispin! Crispin!

Da ist der Marchese, sagte der Fürst zu Basano, geh und empfange ihn.

An der Seite des Arztes trat ein nicht mehr junger Mann ein, schlank, äußerst beweglich, mit krausem, schwarzem Haar, bleicher Gesichtsfarbe und dunkeln Augen, die einen lebhaften und heitern Glanz von sich strahlten. Die Kleidung war die eines venetianischen Nobili. Er schritt auf den Fürsten zu, reichte ihm vertraulich die Hand, und sagte mit einem verstellten Ernste: Wenn der heilige Crispin mich nicht eben bewahrt hätte, so wäre ich ein Kind der Verdammniß geworden. Als ich den kleinen Dagobert-Saal durchschreite, erblicke ich in einer Nische — wen? die Signora Peretti. Ich erkenne sie kaum wieder, sie trägt einen Schleier und ein seltsames Gewand, das seine Bestimmung schlecht erfüllt, denn es bedeckt nicht, sondern enthüllt. In diesem Anzuge ist sie eingeschlafen. Und ich, ich war nahe daran, der Endymion dieser Luna zu sein, und ihr einen Kuß zu stehlen.

Der Marquis ist unverbesserlich in seinen Sitten, sagte Basano.

Der Fürst sah schweigend vor sich hin.

Werden wir etwas zu sehen bekommen? fragte der Marquis. Der Arzt neigte das Haupt und sagte: Wir werden ein paar Mysterien aufführen.

Vortrefflich! Wer sind diese Herren? fragte er nochmals leise den Armenier. Dieser erwiderte ebenfalls mit gedämpfter Stimme: gelehrte Männer, die man aus ihrem Lande vertrieben hat; der Eine ist ein Licentiat aus Prag, der Andere ein Edelmann, beide bekennen sich zur ketzerischen Lehre.

Machet mich mit ihnen bekannt, bat der Cavalier. Es geschah, und der Marquis sagte lächelnd und mit großer Freimüthigkeit: Ihr Herren, ihr seht in mir einen Franzosen, der aber in Italien, am Hofe eines geistlichen Fürsten seine Jugend hingebracht und seine Bildung empfan=

gen hat. Durch eine Satire, die ich auf die Mönche machte, und durch ein Spottgedicht auf die heilige Jungfrau, alsdann durch einige erotische Episteln und kleine muthwillige Novellen kam ich in Ungnade und mußte fliehen. Mein Beschützer, der selbst ein sehr freisinniger Prälat war, konnte mich nicht schützen, so gern er es auch wollte. Da ich reich bin, kümmere ich mich wenig um die Gunst und Ungunst der Menschen. Ich wanderte aus und kam hierher nach Norden, wohin ich einer schönen Frau folgte, die mit magischen Banden mich nach sich zog. Hier fand ich auch diesen Freund, der, selbst frei, die Freiheit der Geister beschützt.

Auch wir nehmen Theil an diesem Schutz, sagte der Edelmann, indem er, sichtlich eingenommen durch das Vertrauen und die offene Weise, dem Franzosen sich gewogen fühlte.

Also gute Brüderschaft! rief dieser lebhaft. Krieg den Pfaffen! Krieg den finstern Zellen! Krieg Allem, was die Genüsse des Lebens verbittert und raubt! Es wird eine Zeit kommen, wo man alle diese finstern und grausamen Spielereien verlacht, mit denen wir uns und unsere Mitbrüder noch quälen!

Diese Zeit wird sicherlich kommen, sagte der Edelmann.

Laßt uns lieber sagen, theure Herren, hub der Licentiat an, daß eine Zeit kommen wird, wo eine gereinigte Lehre Licht und Frieden über die ganze, in enge Verbrüderung zusammenhaltende Menschheit bringen wird. Vor Allem müssen der Papst und die jetzt herrschende Kirche fallen.

Das müssen sie und das werden sie! rief der Edelmann.

Kinbereien! rief der Marquis. Ich habe den Papst ganz gern, er ist ein guter Mann. Ich habe in Rom gelebt, und sehr angenehm gelebt. In den Gemächern des Vatican habe ich ähnliche kleine Scenen und Darstellungen angeschaut, wie ich sie hier sehe.

Ah, das ist sehr auffallend! rief der Böhme.

Was ist denn auffallend? Die großen Geister und die hochgestellten Priester gehören alle zu einer geheimen Verbrüderung, die die Form duldet, um auf den Pöbel zu wirken, die aber im Geheimen ihrer spotten. Habe ich nicht Recht, Basano?

Vollkommen! Nur ist es vielleicht nicht klug, überall diese Lehre vorzutragen.

Ich predige sie auch nicht von den Dächern, sagte der Marquis. Wir sind hier unter Freunden. Doch bemerke ich da eben einen jungen Ordensritter.

Goswin trat aus der Vertiefung hervor und wurde dem Marquis vorgestellt.

Welch ein hübscher Junge ist das, sagte dieser leise zu Basano. Und er hat diese Miene von Unschuld, die die Weiber rasend machen kann. Unser Wolf hat ein hübsches Lamm in seinen Rachen genommen!

Der Fürst war eben im Gespräch mit seinen Gästen begriffen und hörte diese Worte nicht.

Der Licentiat sagte, halb zum Marquis gewendet: daß in Rom und anderswo die hohe Geistlichkeit so zügellos lebt, ist ein Grund mehr, weshalb wir die Satzungen und die Kirche verbessert und gereinigt wissen wollen. Nach unserer

Ansicht muß der äußere Flitterkram sinken, und der innere Kern, der da machen soll, daß die Menschen besser und sittlicher werden, zum Vorschein kommen.

Kindereien! rief der Marquis. Ich bin ein sehr frommer Katholik vor der Menge, aber unter Freunden gestehe ich offen, daß ich an nichts glaube. Junger Mann, das ist aber nichts für Euch! Ihr glaubt noch an all die schönen Dinge, die man Euch gelehrt, und Ihr thut recht daran. Aber da kommt Jemand, an dessen Tugend ich auch dann nicht glauben werde, wenn man mich auf der Folter zwingt, an alles närrische Zeug, was je die Welt berückt, zu glauben.

Ein wohlbeleibter Prälat trat ein; es war Einer von den Zweien, die Goswin am ersten Abend bereits gesehen.

Unser Abt! unser frommer Vater! rief der Marquis und flog auf den Eintretenden zu. Wo kommst du her, Bild der Gottseligkeit?

Ehe der Angeredete antwortete, machte er eine tiefe Verbeugung vor dem Fürsten, der, die Arme über die Brust gekreuzt, an dem Marmortisch lehnte, der einem der koſtbaren Spiegel zum Unterſatz diente.

Die joviale Miene und die lächelnden, licht= braunen Augen, die runde Geſtalt des Prieſters brachten unwillkürlich einen günſtigen Eindruck hervor. Der lange Talar, den er trug, und der über der Bruſt gegürtet war, die ſchwarzen, lan= gen Locken, die ihm auf die Schultern nieder= fielen, gaben ihm faſt das Anſehen einer freund= lichen Matrone. Er erwiderte auf die Frage, daß er eben aus der Vesper komme.

Unſer Publikum iſt nun verſammelt! ſagte Baſano vortretend; und wenn unſer Herr gebie= tet, ſo kann die Vorſtellung beginnen.

Der Fürſt nahm den Armſeſſel ein, der für ihn hingeſtellt wurde, die Andern ſtanden um ihn herum. Der Eingang zu einem Nebengemach öffnete ſich und man ſah eine kleine Bühne ein= gerichtet, ähnlich denen, auf welchen in Klöſtern nach damaliger Sitte die heiligen Myſterien zur Weihnachtszeit und zu Pfingſten dargeſtellt wur= den. Hier galt es jedoch, dieſe frommen Legen= den zu traveſtiren. Zügelloſe Scenen wurden von zügellosen Versen erklärt und begleitet. Der Verfasser der letzteren war der Marquis, der wohlgefällig dicht an der Bühne stand und selbst zu den gelungensten Bildern seinen Beifall spendete. Das Leben und die spätere Bekehrung der heiligen Magdalena gab den Stoff zu der ersten Mysterie. Die Signora stellte die eitle junge Weltfrau dar, wie sie von Stutzern umflattert wird und Anfechtungen zu bestehen hat. Es erscheint der Teufel in allerlei lockenden Gestalten, doch da er überwunden wird, entflieht er und die Heilige wird gekrönt. Der Inhalt der zweiten und der dritten Mysterie waren noch viel ausgelassener. Der Marquis, der Böhme und der Prälat belustigten sich vortrefflich. Der Fürst blieb ernst und Goswin fühlte abwechselnd die Flammen der Scham und Verwirrung in das Gesicht steigen, dann aber trieb ihn die muntere Jugend über manchen guten Spaß zum Lachen. Endlich überwand die Fröhlichkeit die anfängliche Scheu und das ganze Spiel machte ihm eine unbeschreibliche Freude. Er bedauerte, daß es so schnell zu Ende ging, und die schöne Signora schwebte, als sie schon längst wieder hinter dem neidischen Vorhange verschwunden war, noch immer in ihrem verführerischen Anzuge vor seinen trunkenen Jugendblicken.

Der Licentiat ärgerte sich an dem Schauspiel und er hatte der Bühne halb den Rücken zugewendet! dennoch stimmte er lebhaft ein, wenn es Angriffen auf den Papst und die Kirche galt. Aber die rein lüsternen Scenen und der Spott mit dem Heiligen gefiel ihm nicht.

Als das Spiel geendet war, zog sich der Ordensmeister zurück, der Licentiat verschwand und zurück blieben der Marquis, der Böhme, der Prälat, die Signora und Goswin. Diese kleine Gesellschaft setzte sich in einem Nebengemach zur Tafel. Goswin wollte gehen, doch er wurde von seinen neuen Freunden zurückgehalten. Er blieb willig, denn die schönen Augen der Signora und die lustigen Reden des Marquis übten einen eigenthümlichen Zauber auf ihn aus. Dennoch wagte er nicht das Wort an die Erstere zu richten, sondern sah sie nur aus der Entfernung an; ihre Blicke trafen sich öfters. Der Böhme hatte ihn an seine Seite genommen, und während der Prälat und der Marquis sich angelegentlich mit der Italienerin beschäftigten, die ihre Zither im Arme hatte und abwechselnd sang, lachte und plauderte, schenkte er fleißig seinen eigenen und des Jünglings Becher voll.

Nach Beendigung einer kleinen verliebten Canzone, wo der Marquis begleitete und der Prälat komische und übertriebene Pantomimen dazu machte, sagte die hübsche Dame, indem sie lachend die Zither hinlegte: Sollte man wol glauben, daß wir in einem Kloster sind?

Es ist nicht das erste und wird auch nicht das letzte Mal sein, bemerkte der Prälat, wo man sich in verschwiegener Zelle des Lebens freut.

Und eine verbotene Freude ist doppelt süß! rief der Böhme, indem er roth vom Wein und glänzend vor innerem Behagen seine kleinen grauen Augen auf der Sängerin ruhen ließ.

An uns ist auch nichts mehr zu verderben! lachte Andolina. Wir mögen thun, was wir wollen.

Das möchte ich nicht behaupten; es ist eine Nonne unter uns!

Eine Nonne? Wo, Marquis?

Der Gefragte zeigte auf den jungen Ordensritter.

Wenn das ist, sagte Andolina mit einer anmuthigen Schalkhaftigkeit, so bitte ich um Verzeihung, wenn ich Anstoß errege.

Wir müssen ihn in unsern Orden einweihen! rief der Marquis; alsdann wird er uns nicht mehr hinderlich sein. Auf, junger Herr, kommt her. Ich will den Ordensmeister spielen und über die Aufnahmeceremonien verfügen. Der erste Grad ist, daß der neue Jünger kommt, sich hier auf ein Knie niederläßt und um die Aufnahme bittet, das heißt um einen von der Dame kredenzten Trank. Der zweite Grad ist, daß er seine Lippen gerade dort ansetzt, wo sie die ihren angesetzt, und der dritte, daß er ihren holdseligen Mund mit dem seinen im Kusse vereinigt.

Ich möchte noch einen vierten Grad hinzusetzen, schmunzelte der Prälat.

Still! rief der Marquis, gegen die Verfügungen des Meisters hat Niemand etwas einzuwenben. Nun, mein junger Ritter, wollt Ihr Euch wol hierher bemühen?

Goswin kniete nieder; sein Arm stützte sich leicht auf das Knie Andolinens. Sie reichte ihm den Pokal, und er erfüllte die zweite Bedingung, dann sprang er auf, verbeugte sich lächelnd und setzte sich wieder an seinen Platz.

Nun, und der Kuß? riefen die drei Männer in gleichem Tone. Wo bleibt der Kuß?

Goswin antwortete nicht, sondern blickte, Purpurflammen im Gesicht, in seinen Pokal nieder. Die Signora zeigte eine kleine Miene von Unzufriedenheit, dann griff sie rasch zur Zither und sang ein muthwilliges Liedchen, dann sagte sie lachend: Unsere Nonne bleibt Nonne.

Und er thut Recht daran: laßt mir meinen Jungen in Frieden! rief der Böhme. Er darf nun einmal keine Frauen küssen. Er hat es geschworen, soll er seinen Schwur brechen?

Andolina! hub der Marquis an, Ihr müßt jetzt Euren ganzen Stolz darein setzen, diesen hübschen Spröden zu besiegen, es koste, was es wolle. Geht, er ist zu Euch gekommen, verfügt Euch jetzt in allen Ehren zu ihm hin.

Die Sängerin stand auf und vom Prälaten und dem Marquis geführt, nahte sie sich feierlich und mit gesenkten Augen dem jungen Manne. Sie ließ sich vor ihm auf ein Knie nieder und sagte ernst: Eure jungfräuliche Majestät werden entschuldigen, wenn ich, eine reumüthige Sünderin, gewagt habe, gegen Euer geweihtes Haupt böswillige Anschläge zu unternehmen.

Ein lautes Gelächter begleitete diese Anrede.

Der Böhme stand gleichfalls auf und sagte, zu Goswin gewendet: Erlauben Eure Majestät, daß ich, als Ihr getreuester Hof- und Landmarschall der sündhaften Deputation, die sich vor Dero Thron eingefunden, die gottlose Magdalena an ihrer Spitze, gründlichen Bescheid gebe.

Goswin nickte und der Böhme fuhr fort: Da die gottlose Magdalena und ihr Gefolge nur erschienen ist, nicht um zu bereuen, wie sie fälschlich vorgibt, sondern womöglich neue Sünden zu ihren alten zu häufen, so wollen die Majestät die Gnade ihres Angesichts ihr nicht gewähren und sagen ihr durch mich, daß sie unverrichteter Sache dahin wieder zurückkehren soll, woher sie gekommen.

Wie, sollen wir diese Unbill leiden, wir, die Kämpen und Ritter der Dame? riefen der Marquis und der Prälat, und sahen sich einander zornglühend an. Ehrloser Hof- und Landmarschall, wir bieten dir einen Kampf an: der Kampfpreis sei der Sieg unserer Dame über Euren Herrn.

Wohlan! rief der Böhme, worin besteht der Kampf?

Diesen Humpen mit einem Zuge zu leeren! rief der Marquis.

Gebt ihn her! doch versteht mich wohl; unterliegt ihr und siege ich, so wird meine kaiserliche Majestät zu befehlen geruhen, daß der Kuß, um den es sich hier handelt, von mir von den süßen Lippen der gottlosen Magdalena genommen werde.

Es sei.

Die Dame sah ihre zwei Ritter an und schüttelte das Haupt. Weder der Eine noch der

Andere schien ihr die zu diesem Siege gehörigen Kräfte und Anlagen zu haben. Da der Böhme für sie nichts Anziehendes hatte und ihr wenig nach seinem Kuß gelüstete, sah sie mit Bangen dem Ausgang der Wette entgegen. Es traf völlig mit dem zusammen, was sie gefürchtet hatte; der tapfere Böhme leistete das Wunder, der Marquis holte sich einen ärgerlichen Stickhusten und der Prälat sagte lächelnd, daß er ein noch ungeübter Kleriker sei, sich mit den letzten Dingen noch nie beschäftigt habe, also auch noch nicht mit dem letzten Tropfen in einem Becher.

Als der Kuß verwettet war, nahte sich der derbe Sieger mit freudigem Gemurmel seiner Beute und schlang einen seiner kräftigen Arme um ihren Leib. Goswin sah die bittenden Blicke des Opfers, erhob sich und rief: Wie dann, meine Herren Kämpfer und Richter zugleich: wenn ich nun dasselbe Kunststück mache!

Dann sollst du über mich gesiegt haben, mein lieber Bruder, und über mich befehlen und mich zu deinem lebenslänglichen Freunde haben. Denn, bei Gott, eine Kehle, die nicht schluckt, ein Mund, der nicht küßt, ein Schwert, das nicht schlägt — sind meine Genossen nicht.

Goswin ließ den Pokal füllen und leerte ihn auf einen Zug; er ließ ihn nochmals füllen und leerte ihn nochmals auf einen Zug. Bei seinem Vater hatte er trinken gelernt.

Ein allgemeines Staunen machte sich Platz; der Böhme reichte ihm die Hand, schüttelte sie derb und rief: Kamerad, auf Tod und Leben! Wenn du einst zu mir nach Böhmen kommst, sollst du wie ein Bruder und Sohn von mir gehalten werden. Ich will dir all mein Habe vermachen! Aber, du bist ja Ordensritter und darfst nichts nehmen. Das ist ein Unglück!

Ein größeres Unglück verfüge ich jetzt über Euch, Herr Ritter! sagte Goswin, den treuherzigen Handschlag erwidernd; Ihr sollt Euer Recht auf die Dame aufgeben.

Ah! Weshalb?

Fragt nicht; ich will es so.

Die Signora entschlüpfte und warf ihrem Retter einen dankbaren Blick und eine Kußhand zu. Der Prälat und der Marquis sahen sich lachend an. Der Erstere sagte leise zum Andern: Wenn er erst eben so gut wird küssen gelernt haben, wie er trinken kann, so hat für uns die letzte Stunde unserer Siege geschlagen! Es bleibt dann nichts für uns übrig.

Der Böhme sagte verdrießlich: Mir meinen wohlverdienten Preis zu entreißen, ist das wol recht gehandelt! Und die arme Dirne, wie lüstern war sie nach meinem Kusse! Aber zwei solche Humpen! Das brachte ich nicht zu Stande, als ich so jung war wie er ist.

Die Italienerin sah ihren jungen unbesiegten Helden mit einem aus Zärtlichkeit und Unwillen gemischten Blicke an. Er erwiderte diesen Blick feurig. Der Prälat schob sein breites, rundes Gesicht dazwischen.

Was diese Deutschen trinken können! rief der Marquis. Es grenzt an das Unglaubliche; und ich bin überzeugt, daß sie nur in der Trunkenheit ihre Wunder der Tapferkeit thun. Nüchtern sind sie träg und indifferent.

Ihr seid im Irrthum, gnädiger Herr, sagte Goswin. Wir sind nüchtern eben so wenig muthlos, als wir es trunken sind.

Das ist eine Wahrheit! Von den Franzosen und Italienern kann man nicht dasselbe sagen; sie lieben mehr die Worte wie die Thaten.

Ah, das verbietet mir mein Stolz zuzugeben. Ich bin ein Franzose und zugleich ein Italiener. Ich habe mich sechs Mal in meinem Leben geschlagen.

Und ein Deutscher schlüge sich zwölf Mal und würde nie davon sprechen, sagte Goswin.

Ah, Herr Ordensritter, das klingt wie eine Beleidigung.

Und ist auch eine, fügte der Böhme hinzu.

Andolina sprang auf: Um's Himmels Willen streitet nicht. Du, mein Blonder, sei ruhig, du bist der Jüngste.

Das ist ein schöner Grund! rief der Marquis, und mehr Beleidigung als Trost. — Sie hatte sich Goswin genähert und preßte ihre Hand auf den Mund. Wenn das nicht hilft, sagte sie, so werde ich noch die Lippen zu Hülfe nehmen, um die deinigen zu verschließen, böser Raufbold.

Während die Männer stritten, und als Goswin einen Versuch machte, sich in den Streit zu mischen, machte sie ihre Drohung wahr und raubte dem Jüngling einen langen, glühenden Kuß. Dann sprang sie von seinem Schooße herab, lief mit der Zither durch das Gemach und sang so laut, daß der Streit darüber schwieg. Es war jedoch schon zu einer Ausfoderung gekommen zwischen dem Böhmen und dem Marquis. Man verabredete die Zusammenkunft. Die kleine Gesellschaft stob nach allen Seiten hin auseinander.

Träumend war Goswin zurückgeblieben. Die verlöschenden Lampen brannten düster, es herrschte Dunkelheit im Gemach. Er hatte sich auf seinen Stuhl zurückgelehnt, sein Wamms war aufgenestelt, der Mantel war von seinen Schultern gefallen, der Hals und ein Theil der Brust waren entblößt. Da fühlte er eine warme Hand auf der Brust; eine dunkle Gestalt stand neben ihm. Er sprang auf; der Ordensmeister befand sich an seiner Seite. Wie dein Herz wild klopft! sagte er.

Goswin zitterte wie ein Weib, als er den

Meister vor sich sah, und fühlte wie der durchbohrende Blick dieser dunklen Augen in seinem Innern die eben begangene Verletzung seines Gelübdes aufzufinden wußte. Er war sich bewußt, zum ersten Male den Kuß eines Weibes genossen und einen Anlaß zu einem weltlichen Streite gegeben zu haben; beides hochpeinliche Verbrechen in seinen Augen; er, der die ganze Strenge und Größe seiner übernommenen Pflichten stets in seiner Seele lebendig vor sich trug.

Er stützte sich an die Lehne des Stuhles und senkte die Augen.

Komm, folge mir, sagte der Meister. Es ist eine schöne Mondnacht, wir wollen einen kleinen Gang auf der Bastei machen. Ich habe mit dir ein Wort zu reden. Doch nestle dein Wamms zu; wenn es auch nicht kalt ist, so weht doch ein scharfer Wind um die alten Mauern.

Goswin neigte sich zu der Hand des Meisters und küßte sie ehrerbietig.

Sie traten jetzt durch eine kleine Pforte in die Nacht hinaus auf einen Altan, der einen ziemlichen Umfang hatte, und mit einem

Gange an der äußeren Mauer hin in Verbindung war.

Goswin dachte jetzt daran, daß er den Meister einst bei ähnlicher Gelegenheit zum ersten Male gesehen, auch bei Nacht und Dunkel, damals aber in der Zelle des Großcomthurs.

Neuntes Capitel.
Das Gespräch im Mondschein.

Nach einigen Schritten, die der Ordensmeister stumm neben seinem jungen Gefährten gemacht, fragte er diesen: Nun, wie gefällt es dir bei uns?

Goswin befand sich in Verlegenheit, was er auf diese Frage antworten solle. Er hatte in letzter Zeit eine solche Menge Eindrücke in sich aufgenommen, er hatte erfahren, gesehen und beobachtet, was ihm ebenso neu als unerwartet gekommen, daß sich in seinem Innern kein festes Bild von dem Leben gestaltet hatte, das er künftig zu führen haben werde.

Ulrich wartete eine Weile, dann sagte er ungeduldig: So sprich doch, mein Sohn. Ich liebe die offene freimüthige Rede im Munde der Jugend.

Es gefällt mir hier sehr wohl und ich wünsche mein ganzes Leben hier zuzubringen.

Dein ganzes Leben? Und hier? In diesen Mauern? Du trägst also kein Verlangen, dir die Welt zu besehen.

Hier ist meine Welt! sagte Goswin mit großer Bescheidenheit.

Ulrich schlang seinen Arm um den Nacken des Jünglings, zog ihn an sich und sah ihn scharf an mit seinem durchbohrenden Blicke. Knabe, ich will offen mit dir sprechen. Deine Seele ist jung, sie ist frisch, sie ist stark, sie trägt meine Gedanken. Sieh hier die Ebenen vor uns liegend, im Mondglanz! So weit deine Blicke tragen, ist Alles stiller Friede und feierliche Ruhe. Der Thauwind bläst um die alten Thürme der Burg; er trägt auf seinen schweren Flügeln die düstern Gedanken, die schwermüthigen Empfindungen des Kummers, der Entsagung, des freudenleeren Daseins mit sich fort und führt sie dem Meere zu. Laß mich offen sprechen! So wie wir hier stehen, dem ewigen Auge nahe, das aus dem dunkeln Dome auf uns niederschaut, ich, der Mann, der vielfach im Leben umhergetrieben, an den Jüngling sich lehnend, der noch nichts erfahren, als die kleinen Ereignisse seiner väterlichen Hütte, aber viel hoffend, viel erwartend, sowie wir hier beisammen stehen, so stand ich, einst, ich der Junge, neben einem erfahrenen Freunde meiner Jugend. Ich wollte mich damals dem Kloster weihen. Mein Bruder war für die Welt bestimmt, mich trieb ein unwiderstehlicher Hang zu Einsamkeit und Stille. Jener väterliche Freund warnte mich. Er schilderte mir die Gefahren, denen die Jugend erliegt, wenn sie einem augenblicklichen Drange nachgebend, die reiche, schöne Welt eigensinnig von sich abschließt. Melancholisch und düster, wie ich war, hätte die Mönchszelle mich vollends verstockt und für die menschliche Gesellschaft untauglich gemacht. Ich kehrte also auf dem schon betretenen Wege um, und wandte mich der Welt zu. Ich habe es nicht bereut. Mehre Jahre füllten Reisen und der Aufenthalt an den Höfen und in den Heerlagern. Dabei vernachläßigte ich die Wissenschaften nicht. Siehe, mein Sohn, diese selbe Straße möchte ich, daß auch du wandeltest!

Goswin warf einen sehnsüchtigen Blick in die Ferne.

Bedenke! fuhr der Mann, dessen Arm ihn umschlungen hielt, fort. Bedenke, wenn es mir gelingt, dich inmitten volkreicher Städte zu versetzen, wenn du einen Mastenwald von Schiffen vor dir aufgezogen siehst, und irgend ein Welthandelsplatz sein Gewühl und seinen Reichthum vor dir entfaltet! Oder wenn ein glänzender Hof seine zauberischen Reize dir bietet und du gewandte, vornehme Weltleute, schöne Frauen, und um sie herum ein goldschimmerndes Netz der Intrigue, der Politik, der anmuthigen Eroberungen gesponnen siehst, oder wenn dich die gelehrte Halle aufnimmt, und du Männer im Kampfe der Rede vor dir erblickst, die Schätze des Wissens gegeneinander austauschend, oder endlich, wenn die Künstlerwerkstätten sich dir aufthun und du die himmlischen Werke der Kunst, die blühenden Schöpfungen der Malerei erschaust — wie dann?

Wird dir ein solches Leben nicht mehr genügen als hier der einsame Wachedienst in dunkeln Mauern, bei verwilderten Genossen, oder eine Schlägerei mit den entmenschten wilden Rotten, die unsere Burg umschließen?

Nein, nein! gnädiger Herr! rief Goswin mit einer Art Aengstlichkeit; ich liebe diese stillen Mauern! Ich will hier dienen und Knecht sein! Ich habe der Welt entsagt, was soll mir ihr Glanz und ihr Schimmer?

Ulrich ließ den Arm niedergleiten und sagte: Thörichter Knabe.

O Himmel, gnädiger Herr! Ich habe Euch doch nicht beleidigt?

Nein, nicht beleidigt; allein du dauerst mich. Wie, du wärest jung, du wärest frei und ritterlich geboren, und könntest einwilligen, ein schmutziger Mönch zu werden? Junge, ich will es nicht glauben.

Ein ritterlicher Mönch möchte ich sein! sagte Goswin leise.

Mönch so oder so. Die Kutte trägst du doch! Ueber den Namen wollen wir nicht streiten; die

Sache selbst ist es, die wir im Auge behalten müssen. Sieh mich selbst an. Glaubst du, daß ich so bin, wie ich sein sollte; doch glaube ich meinen Beruf auszufüllen und meiner Sendung zu genügen. Denn ich trage die Zukunft im Herzen und alle die, die ich um mich her sehe, tragen darin die Vergangenheit. Du wirst mich nicht verstehen, ich hoffe aber, daß du dereinst mich verstehen wirst. Was ich zu erreichen strebe, werde ich nicht erreichen. Ich werde untergehen, das weiß ich, aber Andere werden kommen und die werden die dunkeln Linien und Spuren meines Bauplanes entdecken und werden danach weiter schaffen. Möchtest du Einer dieser Andern sein. Höre nun noch weiter meine Worte. Sie werden deinem jugendlichen Ohre vielleicht noch dunkel klingen, doch immerhin! Wollte ein Säemann, der ausgeht, Samen auszustreuen, jede einzelne Scholle des Bodens, jedes einzelne Körnchen in seiner Hand vorsichtig prüfen, ob beide auch tauglich, so würde er nutzlos Zeit verlieren. Er streue muthig die Saat hin. So vertraue ich auf meine freie redliche Absicht einestheils und auf dein Jugendherz andererseits, indem ich dir sage, was ich dir jetzt sagen will. Unser Ordensgelübde verbietet uns zu heirathen und leibliche Erben zu erzeugen, damit wir geistige ins Leben fördern. Die geistigen Erben und Nachkommen eines Mannes sind seine Thaten. Großes soll der Mann erwägen, Edles fördern, Freies schaffen und nicht für sich einsam und allein, sondern er soll mit diesen schöpferischen Keimen die verwandte Brust, den verbrüderten Geist befruchten. Daß es Tausend und Millionen gibt und gegeben hat, die den geheimnißvollen Kern dieser Lehre nicht begriffen haben, dies hindert nicht ihre Göttlichkeit einzusehen. Das Weib, wenn es sich unserer bemächtigt, zieht uns zu Boden und hält uns darauf fest. Sie selbst ist nicht fähig ein Großes, ein Ganzes, ein Gewaltiges zu fassen und zu fördern, darum treibt sie der Geist kleinlicher Eigenliebe, alle Mittel der Genußsucht anzustrengen, um des Mannes Geist zu brechen und zu schwächen. Hat sie ihn gebrochen, hat sie ihn geschwächt, dann ist er ihr Eigenthum, dann ist er dasselbe, was sie ist, das heißt ein unfähiges, zum Selbst=

schaffen und Selbstregieren unbrauchbares Geschöpf, gemacht, sich Fesseln auflegen zu lassen, nicht selbst welche aufzulegen. Immer und immer muß der Mann wachsam sein, daß ihn das Weib nicht besiege! Kein großer Held ward geboren, kein Retter und Helfer der Menschheit, der da eines Weibes Knecht gewesen wäre! Damit ist nicht gesagt, daß wir das Weib und die Ehe gering achten sollen! Für tausende von Männern sind sie ein willkommener Boden, in dem sie gedeihlich Wurzel schlagen und den nahrhaften Boden bilden, der ewig erzeugenden Erde. Aber sie sollen nur nicht das Höchste und Beste genannt werden, nach dem ein Mann zu streben habe. Das Weib, in ihren Schranken gehalten, kann unendlich dazu beitragen das Leben des Mannes zu verschönern und ihm Gehalt und Reiz zu verleihen.

Hast du mich verstanden?

Goswin dachte an seine Mutter; gleich dabei trat das Bild Andolinens vor seine Seele und er fühlte, daß mit dem edeln Weibe, das das Leben des Mannes verschönt, Jene gemeint sei, mit dem, die den Mann herabzieht, Diese. Er deutete in ungefähren Schilderungen diese Bemerkung an.

Nein! rief Ulrich; du verstehst meine Worte nur halb. Ein edles Weib, das aber doch dabei den vollen Stolz des Weibes hat, den Mann völlig für sich in Fesseln zu schlagen, ist des Mannes Ehre eine viel gefährlichere Feindin, als das gewöhnliche, sinnliche Geschöpf. An diese gibt er sich mit der Seele gefangen, während an diese nur mit dem Körper. Des Mannes ganzer Werth besteht aber darin, nie und nimmer gefangen zu sein, und keinen andern Herrn, er mag heißen wie er will, über sich zu fühlen, als sein eigenes mannhaftes und eisernes Selbst.

Diese Worte sprach der Gebietiger mit volltönender Stimme, die wie der Athem einer Wetterwolke über die Ebene dahinbrauste.

Goswin fühlte seine Brust durchbebt von Ehrfurcht, zugleich von Scheu. Die lange, schwarze Gestalt, der dunkle Mantel, der im Winde flog, gaben dem Manne das Ansehen, als gebiete er über die dunkeln Kräfte der Natur, wie er über die Gefühle und Bebungen der Menschenbrust gebot. Er fuhr in seiner Rede fort, nachdem er in einer kurzen Pause seinen Blick dem sanften Lichte des Mondes zugewendet.

Wenn ich dir die Selbständigkeit des Mannes preise, seine Pflicht, sich von den einschmeichelnden aber seine Kraft und seinen Stolz lähmenden Banden frei zu machen, so will ich damit nicht gesagt haben, daß er in starrer Selbstgenügsamkeit sich vor der Welt verschließe. Er gehört recht eigentlich der Welt an, seitdem er aufgehört, dem Hause anzugehören. Dies ist es, was mich bewog, hier im Orden einzutreten und nach der Stelle des obersten Lenker desselben zu streben. Der Ritter darf kein Weib, kein Kind, kein Haus besitzen, er ist ein Bürger des Großen, Ganzen. Vor seinem Blicke verschwindet, was kleinliche Sorge, niedere Beschäftigung, häusliche Pflicht heißt. Er ist da, um dem Bruder zu dienen, dem Bruder an den Ufern der Weichsel wie dem Bruder am Ganges. Nach diesen Grundsätzen habe ich regiert und werde regieren so lange die Zügel in meiner Hand verbleiben. Ich weiß es, daß die starre Tugend der alten Anhänger des Ordens mich tadelt, daß sie mich einen Abtrünnigen nennen, einen Verächter der christlichen Lehre und des Glaubens! Ich weiß dies! Wol wahr! Wenn diese Männer den Inhalt der christlichen Lehre in jenem dumpfen, starren Mönchthum suchen, in dem verdummenden Zwange der Formeln, in lächerlichen Fabeln, an die zu glauben dem freien Manne Schande bringt, alsdann bin ich allerdings ein Verächter dieser Religion. Meine Religion besteht darin, mir und Andern zu helfen zum Lichte emporzubringen! Zum Lichte!

Er breitete hierbei seine Arme gegen den Strom des milden Lichtes aus, das aus der dunkeln, unermeßlichen Tiefe des Himmels auf die Erde niederquoll.

Er faßte Goswin's Hand, trat mit ihm vor und sagte mit einer feierlichen Stimme, das Antlitz nach Oben gerichtet: Hier Allvater! Geist der Welt! Hier bringe ich dir eine Seele zu, die frei sein will, wie ich, die dir dienen wird, unbekümmert um den Trotz und die Gleisnerei der Menschen! Quell des Lichtes, segne hier zwei Män=

ner, die auf dürftiger Scholle, weit von deinen Palmenwäldern und goldenen Bronnen entfernt, im Lande des Eises und der nächtlichen Stürme, ihre Arme und Blicke zu dir erheben.

Während diese Worte gesprochen wurden, sah Goswin zur Seite und erblickte mit Entsetzen ein riesiges Haupt, mit blutender Stirnwunde, und einem goldenen Diadem geschmückt, halb über die Brustwehr der Steineinfassung emporragen. Die hohlen, geschlossenen Augen dieses graufenvollen Phantoms waren mit ihren Höhlen auf den Meister gerichtet, der dieses Gebilde nicht bemerkte, dann aber es gewahrend, rasch auf dasselbe zutrat und rief: Hinweg, Sohn der Nacht, Geist meiner qualvollen Stunden! Hinweg! Wagst du es jetzt sogar mich in den Augenblicken der Weihe zu stören!

Er zitterte heftig, als er diese drohenden Worte in die Tiefe hinabrief, wohinein das Schreckbild langsam versank. Der Sturm zog in hohlen Tönen um die Vorsprünge der alten Mauern. Es war als wenn ein ganzes Heer von Schatten in raschem Zuge an den Erkern und Thürmen vorüberglitt. Der Mond war hinter Wolken getreten. Da kam ein langer weherufender Ton über die Ebene dahingezogen, als läge irgend wer im Sterben weit, weit am Ufer des Meeres! Goswin schauderte zusammen, obgleich er diese Art Naturlaute, die in diesen Gegenden etwas nicht Ungewöhnliches waren, und bei eintretendem Thauwetter sich hörbar machten, bereits öfters vernommen hatte. In seinen Mantel gehüllt verließ Ulrich den Altan. Goswin blieb noch, lehnte sich an die Brustwehr und sah, die kämpfenden Geister in seiner Brust, dem Spiele der Wolken zu, die hoch oben in der Himmelskuppel ihr geschäftiges Wesen zu treiben begannen. Als er einen Blick in die Tiefe richtete, glaubte er unter den schwarzen, im Winde rauschenden Baumgipfeln die bleiche, blutige Stirn schimmern zu sehen.